MISTERIO DEL EXTRAÑO HATILLO

MISTERIO
DEL EXTRAÑO HATILLO

Enid Blyton

ESPASA

Título original: *The Mystery of the Bundle*

Traducción: María Dolores Raich Ullán
Ilustraciones: Carlos Freixas
Diseño de cubierta: Tasmanias
Dibujo de cubierta: Noiquet

La edición original de esta obra ha sido publicada por la Editorial Molino.

Depósito legal: M. 43.972-1999
ISBN de la colección: 84-239-9878-9
ISBN: 84-239-9891-6

Impreso en España

Impresión: BROSMAC, S. L.

Editorial Espasa Calpe, S. A.
Carretera de Irún, km 12,200. 28049 Madrid

PREÁMBULO

He aquí el décimo libro de aventuras de los Cinco Indagadores juveniles, Fatty, Larry, Daisy, Pip, Bets y *Buster* el perrito, que se anotan una nueva victoria al resolver otro de los misterios. Míster Goon, como siempre, en desacuerdo con Fatty, hará las delicias del lector con sus ocurrencias.

Este libro, como los anteriores, constituye una novela completa. Los títulos ya publicados en la serie «Misterio» son los siguientes:

Misterio de la villa incendiada
Misterio del gato desaparecido
Misterio de la casa deshabitada
Misterio de los anónimos
Misterio del collar desaparecido
Misterio de la casa escondida
Misterio del gato comediante
Misterio del ladrón invisible
Misterio del príncipe desaparecido

Espero que os guste tanto como los publicados.

ENID BLYTON

Capítulo primero

BETS VA DE COMPRAS

—¡De todas las malas vacaciones que recuerdo éstas son las que se llevan la palma! —le dijo Pip a su hermanita Bets—. ¿Quién te mandaba endosarnos esa fastidiosa gripe?

—Conste que no lo hice adrede —se disculpó Bets con aire ofendido—. Alguien me la pegó y yo, sin querer, os la pasé a vosotros. Lo malo es que la cosa nos ha estropeado las Navidades.

Pip sonóse ruidosamente, sentado en la cama. De hecho, sentíase mucho mejor, pero estaba de un humor de perros.

—«Pillaste» la gripe en cuanto empezaron las vacaciones de Navidad y fuiste la que la tuviste más benigna. Luego se la pegaste a Daisy, y ésta a Larry, y los pobres pasaron el día de Navidad con ella a cuestas. Para colmo, después nos tocó el turno a «mí» y al pobre Fatty. ¡Qué desastre de vacaciones! ¡Pensar que ya se están terminando!

Saltaba a la vista que Pip estaba muy contrariado.

—Bien —suspiró Bets al levantarse—. Puesto que

te muestras tan intratable, creo que lo mejor será que te deje solo esta mañana y vaya a ver a Fatty. Eres muy desagradecido, Pip, al echarme en cara todas estas cosas después de haberte entretenido horas y horas jugando contigo al parchís y leyéndote libros.

En el momento en que la niña se alejaba muy digna y erguida, Pip le gritó:

—¡Eh, Bets! Di a Fatty que me encuentro mejor y que procure ponerse sobre la pista de algún misterio «sin pérdida de tiempo» porque presiento que ése es precisamente el tónico que necesito. ¡Y sólo nos quedan diez días de vacaciones!

—De acuerdo —accedió Bets, volviendo a sonreírle—. Ya se lo diré. Pero ten en cuenta, Pip, que Fatty no puede improvisar un misterio por arte de birlibirloque. Temo que tendremos que pasar sin ninguno estas vacaciones.

—Fatty es capaz con «todo» —repuso Pip con convicción—. No hay nada que se le resista. Durante los días que llevo en cama he estado recordando todos los misterios que hemos desentrañado con su ayuda. Nunca había tenido ocasión de reflexionar tan a fondo como ahora. Nuestro amigo Fatty es un portento.

—Eso ya lo sabía yo sin necesidad de devanarme tanto los sesos —murmuró Bets—. Basta recordar todos sus disfraces, su habilidad en interpretar las pistas... y las bromas que ha gastado al señor Goon.

—¡Y que lo digas! —exclamó Pip con una amplia sonrisa en su pálido rostro—. Lo cierto es que me siento mejor con sólo acordarme de los ingeniosos trucos de Fatty. ¡Por lo que más quieras, Bets! ¡Suplícale que nos encuentre algún misterio! ¡A todos nos iría de maravilla para sacudirnos el aburrimiento!

—Pierde cuidado —le tranquilizó Bets—. ¡Procuraré traerte el misterio que deseas!

—Y trae también unos caramelos de menta —instó Pip—. De repente me han dado unos ganas locas de comerlos. Mejor dicho, compra una bolsa de bombones de fruta recién hechos. ¡Sería capaz de comerme cincuenta mientras leo esta novela de detectives que me ha prestado Fatty!

—¡Eso «significa» que estás mejor! —coligió Bets.

Una vez fuera de la habitación, la pequeña se puso el abrigo y el gorrito y sacó unas monedas de su hucha, con intención de comprar también algo a Fatty. Bets se había mostrado muy generosa con todos sus amigos indagadores, atacados por la epidemia de gripe, y en el curso de sus repetidas visitas a los enfermos gastó casi todo su aguinaldo navideño.

Sin poder evitarlo, se consideraba culpable por el hecho de haber pegado la gripe a toda la pandilla, y para compensar el mal había hecho todo lo posible para entretener a los muchachos, jugando con ellos a diferentes juegos, leyéndoles libros y llevándoles obsequios. Fatty se sentía realmente conmovido ante las atenciones de la pequeña, y la tenía en el mejor de los conceptos.

Al salir al jardín, Bets se detuvo indecisa. ¿Tomaría su bicicleta? Con ella ahorraría mucho tiempo. No obstante, decidió lo contrario. Las calles estaban muy resbaladizas aquel frío día de enero.

La niña se dirigió al pueblo y gastó casi todo el dinero que llevaba encima en unos enormes bombones de fruta, aromados con menta, la mitad para Pip y la mitad para Fatty. El hecho de que Pip hubiese llegado al período de la convalecencia, en que el enfermo arde en deseos de comer golosinas, presagiaba que Fatty no tardaría en experimentar el mismo proceso.

Al salir de la tienda, la muchacha vio pasar al señor Goon, el policía del pueblo, en bicicleta, pedaleando lentamente calle abajo, con la nariz amoratada bajo los efectos del aire helado de la mañana.

Al ver a Bets, el hombre frenó tan bruscamente que su bicicleta patinó en la resbaladiza superficie, con lo cual el señor Goon se encontró de pronto sentado en medio de la calzada.

—¡Cáspita! —exclamó el policía, mirando a Bets con expresión incendiaria, como si la pequeña tuviese la culpa de su percance.

—¡Oh, señor Goon! —profirió Bets, consternada—. ¿Se ha lastimado usted? ¡Qué porrazo se ha dado!

Pero el señor Goon tenía un buen cojín por asentaderas y, gracias a ello, apenas había notado el golpe, aunque naturalmente acababa de llevarse un buen susto. Así, pues, procedió a levantarse, sacudiéndose los pantalones.

—Estas mañanas heladas me matarán —masculló, mirando a Bets como si ésta fuese la responsable de la inclemencia del tiempo—. ¡Con sólo tocar los frenos me vine abajo! Todo por querer mostrarme cortés contigo y preguntarte por tus amigos. Me han dicho que están todos enfermos a consecuencia de la epidemia de gripe.

—Sí, pero ya están casi repuestos —declaró Bets.

El señor Goon refunfuñó algo parecido a «¡Qué lástima!», y, montando de nuevo en su bicicleta, espetó:

—Bien, sea como fuere, lo cierto es que ha constituido un gran alivio para mí no tener que soportar a ese entrometido gordinflón metiendo las narices en «mis» asuntos durante las vacaciones escolares. Me maravilla la forma en que ese chico olfatea todo lo que pasa y os mete en danza a los demás. Menos mal que esta vez ha tenido que guardar cama y no ha podido hacer diabluras. Dentro de poco tendréis que volver al colegio y, por una vez en la vida, me habré librado de vuestras impertinencias.

—Si dice usted estas cosas, Dios le castigará y, a lo mejor, también pilla usted la gripe —reconvino Bets audazmente, sin experimentar en esta ocasión el temor que solía inspirarle el policía, en particular cuando tropezaba con él a solas—. De todos modos, todavía puede surgir algo, y, si es así, ¡no le quepa a usted la menor duda de que le tomaremos la «delantera», señor Goon!

Y, sintiéndose satisfechísima de aquel inesperado encuentro y cambio de impresiones, Bets se alejó con aire importante.

—¡Si ves a ese gordinflón —le gritó el señor Goon—, dile que me alegro de que, por una vez en la vida, no haya podido cometer sus habituales travesuras! ¡Qué días más tranquilos he pasado sin tener que aguantaros a los cinco ni a vuestro antipático chucho!

Bets se hizo la desentendida. Por su parte, el señor Goon se marchó en su bicicleta, loco de contento, seguro de que la chiquilla repetiría a Fatty toda su conversación y éste se pondría como una furia contra él. ¡Afortunadamente tendría que volver a la escuela antes de darle tiempo a desquitarse! ¡Diablo de chico!

Bets se dirigió a casa de Fatty y, al entrar por la puerta del jardín, encontró a la señora Trotteville, la madre del muchacho. Ésta profesaba mucho afecto a la niña y parecía encantada de su visita.

—Hola, Bets —murmuró la dama, sonriendo—. ¿Vienes a ver a Frederick otra vez? No cabe duda que eres una amiga muy leal. Me parece que mi hijo se encuentra perfectamente hoy porque cada vez que subo arriba para algo, oigo una serie de ruidos procedentes de su habitación.

—¿No habrá vuelto a recaer? —exclamó Bets, alarmada—. ¿Qué clase de ruidos son ésos?

CARLO FREIXA

—Pues voces y murmullos —aclaró la señora Trotteville—, como si estuviese ensayando una función o algo por el estilo. Ya conoces a Frederick. Siempre está tramando algo.

Bets asintió en silencio. A buen seguro, Fatty procedía a ensayar diversas voces para sus diferentes imitaciones. La voz de un viejo, la temblona de una anciana, la sonora y varonil de un hombretón. ¡Fatty sabía imitarlas todas a la perfección!

—Te acompañaré arriba, a su habitación —decidió la señora Trotteville—. Frederick te está esperando.

Ambas subieron al piso. La señora Trotteville llamó resueltamente a la puerta de la habitación de su hijo.

—¿Quién es? —inquirió la voz de Fatty—. ¡Tengo una visita, mamá!

La señora Trotteville se quedó sorprendida. Que ella supiera, no había acudido ningún otro visitante a ver a su hijo aquella mañana. Sin duda, se trataba de alguien introducido en la casa por la cocinera. La dama dio vuelta al pestillo y entró en la estancia, seguida de Bets.

Al parecer, se hallaba arrebujado en las almohadas, medio dormido. Bets sólo acertó a ver parte de su oscuro y enmarañado cabello asomando entre el embozo. A la chiquilla se le oprimió el corazón. El día anterior había encontrado a Fatty sentado en la cama, muy vivaracho. ¡El hecho de que ahora estuviese acostado significaba que el muchacho no se encontraba tan bien como decía su madre!

La niña observó a la visitante. Era una mujer regordeta, con lentes, y un feo sombrero negro en forma de budín. Alrededor del cuello llevaba una flamante bufanda verde que le ocultaba parte de la barbilla. ¿Quién era aquella desconocida?

La señora Trotteville estaba también perpleja.

¿Quién sería aquella extraña visitante? La dama avanzó hacia ella, indecisa.

—¿Cómo está usted, señora Trotteville? —preguntó la visitante con voz afectada—. ¿No me recuerda usted, verdad? Nos conocimos en Bollingham hace un par de años. ¡«Qué» hermoso lugar!

—Pues no —replicó la señora Trotteville, asombrada—. No creo recordarla. ¿Cómo supo usted que Frederick estaba enfermo y quién la condujo a esta habitación? Es... es usted muy amable... pero...

—Su simpática cocinera me ha acompañado aquí —explicó la desconocida, enjugándose la cara con un gran pañuelo blanco empapado de un fuerte perfume—. Me dijo que estaba usted ocupada y que, para no molestarla, me acompañaría ella misma. Frederick se ha alegrado «muchísimo» de verme. ¿Quién es esta linda niña?

Bets la miraba desconcertada. No comprendía a aquella rara visitante. Además, ¿por qué no se incorporaba Fatty? ¿Por qué no la saludaba? La pequeña contempló el montículo que formaba su cuerpo bajo la ropa de la cama. ¡Sin duda el muchacho estaba dormido!

—¡Despierta, Fatty! —le gritó la niña zarandeándole violentamente—. Hace un momento estabas despierto, pues nos contestaste al oírnos llamar a la puerta. ¡Incorpórate y dime algo!

Fatty no se dio por aludido, limitándose a permanecer inmóvil como un tronco. La señora Trotteville empezó a alarmarse. De pronto, se acercó también a la cama y palpó a Fatty.

—Federico, ¿te encuentras bien? ¡Incorpórate en seguida!

Bets echó una ojeada a la visitante, que, a la sazón, se había levantado y permanecía junto a la ventana, de espaldas a ella. La niña observó que los hombros de la mujer se meneaban ligeramente. ¿Qué «significaba» todo aquello? Resultaba todo muy raro, y a Bets no le gustaba ni pizca.

Súbitamente, la señora Trotteville retiró el embozo de la cama. ¡Fatty no estaba en ella! En su lugar apareció una oscura peluca dispuesta sobre una tartera y unos largos almohadones. La señora Trotteville lanzó un grito:

—¡Fatty! ¿Dónde está Fatty?

En cambio, Bets no necesitó formular esa pregunta. ¡Sabía perfectamente dónde estaba su amigo!

Capítulo II

LAS DOS VISITANTES DE FATTY

Bets se volvió rápidamente hacia la rolliza mujer apostada al lado de la ventana y, precipitándose a ella, la agarró por el brazo y la zarandeó con fuerza, al tiempo que exclamaba:

—¡Oh, Fatty! ¡Eres terrible! ¡Ahora resulta que eres tu propio visitante! ¡«Qué» ocurrencias tienes!

La supuesta «visitante» se desplomó en una silla, prorrumpiendo en sonoras carcajadas. ¡No cabía duda! ¡Era Fatty! ¡Aquella risa explosiva era inconfundible!

—«¡Frederick!» —exclamó su madre, entre sorprendida y enojada—. ¿Has perdido el juicio? ¡Sabes de sobra que debes guardar cama! ¿Cómo se te ha ocurrido levantarte y vestirte con este ridículo disfraz? No, la cosa no resulta en absoluta graciosa. Me parece muy mal. Pienso decírselo al doctor cuando venga. ¡Quítate esos trapos y vuelve a la cama inmediatamente!

—Está bien, mamá —barbotó Fatty, sin moverse de la silla—. Pero, por favor, concédeme un minuto para reír. ¡Ha sido tan cómico veros a las dos zarandeándome para obligarme a hablar y preguntándoos quién sería la visitante, procurando mostraros corteses con ella!

Y Fatty prorrumpió una vez más en estruendosas risotadas.

—De todo esto se deduce que te encuentras mucho mejor —murmuró la señora Trotteville, aún enojada—. De lo contrario no te levantarías para cometer esas estúpidas diabluras. Me figuro que esa anormal conducta indica que tu temperatura vuelve a ser normal. ¡Acuéstate inmediatamente, Frederick! ¡Pero no lo hagas con esa horrible indumentaria encima! ¿De «dónde» la has sacado?

—La cocinera me la trajo un día —explicó Fatty, despojándose de la flamante bufanda verde y del detestable sombrero—. Pertenecía a una vieja tía suya. Ahora forma parte de mi guardarropía de disfraces, mamá. ¡No pretendas ignorarlo!

A menudo la señora Trotteville tenía que hacer la vista gorda con relación a muchas acciones de Fatty. Resultaba de todo punto imposible prever sus maquinaciones.

—¡Qué pingajos! —farfulló la dama, contemplando las prendas, disgustada—. ¡Y qué «horrible» perfume, Federico! ¡En realidad, no «merece» ese nombre! ¡Tendré que abrir la ventana para que se disipe el mal olor!

—Buena idea —aprobó Fatty—. Yo tampoco puedo soportarlo. ¡Canastos! ¡Qué bien lo he pasado! Por favor, Bets, cuelga esa larga chaqueta y esta falda en mi guardarropa.

Y despojándose de ambas prendas, apareció vestido con su pijama a rayas. Bets se dijo que, según todos los indicios, la gripe no había provocado ninguna pérdida de peso en el muchacho. La chiquilla tomó la chaqueta y la falta, pero cuando se disponía a meterlas en el armario, la señora Trotteville se las arrebató de las manos, diciendo:

—No. Antes hay que lavarlas si de veras «quieres» guardarlas, Federico. Tendré que advertir a la cocinera que no te traiga la ropa vieja de su tía.

—¡Nada de eso, mamá! —protestó Fatty, alarmado—. ¡No le digas una palabra! La cocinera es una maravilla. Además, me proporciona los trajes viejos de su tío. ¡De «algún» sitio tengo que sacar los disfraces que necesito! Sabes perfectamente que, cuando sea mayor, quiero ser detective de primera categoría, y para ello tengo que empezar por entrenarme desde chico. ¡No digas nada a la cocinera!

—Atiende, Frederick —repuso su madre con firmeza—. «No» pienso llenar la casa de malolientes vestidos viejos pertenecientes al tío y la tía de la cocinera.

—Ni falta que hace —instó Fatty, casi sollozando—. Por lo regular los guardo en el cobertizo del fondo del jardín, ¿verdad, Bets? Sólo quería gastar esta broma de la visitante a Bets, mamá, y para ello rogué a la cocinera que fuera a buscarme esas prendas al cobertizo. Si quieres, Bets puede llevarlas de nuevo allí ahora mismo.

Al presente, Fatty estaba en cama, mirando a Bets y a su madre con expresión suplicante. La señora Trotteville observó que su hijo había palidecido. ¡Todo por culpa de aquella estúpida excitación!

—Está bien, Frederick —accedió la dama—. No hablemos más del asunto. Bets puede bajar esas prendas cuando se marche. De momento, déjalas en el pasillo, Bets. Tú, Frederick, échate en la cama. Estoy segura de que ha vuelto a subirte la temperatura. Si es así, no permitiré que te levantes un rato esta tarde.

—Oye, mamá —instó Fatty, apresurándose a cambiar de tema, pues toda su ilusión era levantarse aquella tarde—. ¿Podría quedarse Bets a almorzar conmigo? ¡Di que sí! Ninguno de los demás vendrá a verme hoy. Están todos convalecientes aún. Me gustaría gozar de la compañía de Bets, y tú sabes que es una niña muy reposada. Me cuidaría a maravilla, ¿verdad, Bets?

La pequeña se sentía radiante de satisfacción. ¡Sería maravilloso pasar el día con Fatty! Pip estaba de pésimo humor y resultaba poco menos que imposible de conversar amigablemente con él hasta que pasara la mala racha. ¡En cambio sería estupendo permanecer con Fatty! Bets aguardaba, ilusionada, la decisión de la señora Trotteville, sujetando entre sus brazos las viejas y malolientes prendas.

La señora Trotteville reflexionó. Por fin, dijo:

—Pues sí. Creo que si Bets quisiera quedarse, probablemente evitaría que cometieras más sandeces. ¿Te gustaría quedarte, querida Bets? Prométeme que no permitirás que Fatty se levante de la cama para disfrazarse y hacer el bobo con lo que sea.

—Lo prometo —aseguró Bets gozosamente—. Gracias, señora Trotteville.

—Telefonearé a tu madre por si hay algún inconveniente —prometió la señora, saliendo del aposento.

—¡Qué buena eres, Bets! —ensalzó Fatty, acomodándose en la cama—. ¡Cáscaras! ¡Por poco reviento de risa al veros a las dos zarandeando los almohadones metidos en la cama! De hecho, la suplantación no llegaba a ser perfecta, pero es la única que pude provisar en aquel momento determinado. Hoy me encuentro mejor y ardía en deseos de gastar una broma a alguien. Imaginé que vendrías y encargué a la cocinera que me trajera esas prendas del cobertizo. Esa mujer es una joya.

—¡Qué contrariedad debiste sentir al ver entrar a tu madre también! —profirió Bets—. ¡Oh, Fatty! ¡Cuánto me alegro de que estés mejor! ¿Quieres un bombón de menta? He comprado los más grandes que he visto, la mitad para ti y la mitad para Pip.

—Seguramente estoy mucho mejor —concluyó Fatty, tomando dos bombones y metiéndoselos en la boca los dos a la vez—. Ayer no hubiera sido capaz de «oler» siquiera un bombón. No me sorprendería que hoy comiera como un lobo.

—Estás muy pálido, Fatty —observó Bets—. Échate un rato. No deberías haberte levantado de la cama para disfrazarte.

—¡Por favor, «no» me sermonees! —suplicó Fatty—. De hecho, ahora me duelen un poco las piernas, pero valía la pena. Vamos, cuéntame las novedades, si las hay.

Bets le complació. Fatty le escuchó, guardando perfecta inmovilidad. Se sentía algo débil, pero, naturalmente, no se lo dijo a Bets. ¿Quién iba a sospechar que el esfuerzo de levantarse, vestirse y hacer el bobo pudiera tener aquellas consecuencias? Por lo visto, con la gripe no valían bromas, a pesar de todas las aparentes «mejorías».

—Larry y Daisy están mucho mejor —explicó Bets—. Los dos se han levantado ya de la cama, pero aún no han salido a la calle; Daisy dice que saldrá mañana si hace sol. No obstante, están terriblemente aburridos y desean con toda el alma que suceda algo imprevisto.

—¿Y Pip? —inquirió Fatty.

—Está mejor, pero de un humor insoportable —suspiró Bets—. ¡Ojalá no te dé a ti por lo mismo! ¡Ah! ¡Se me olvidaba! ¡Esta mañana he encontrado al señor Goon!

—¿Al «gran» Goon? —bromeó Fatty, incorporándose ligeramente al oír el nombre de su viejo enemigo—. ¿Y «qué» te ha dicho?

—Me ha dicho «¡Cáspita!», después de caerse de la bicicleta y quedarse sentado en medio de la calle —respondió Bets, cloqueando.

—Apuesto a que habrá sido muy gracioso —comentó Fatty despiadadamente—. ¿Y qué más dijo aparte de «¡Cáspita!»?

—Dijo que ha pasado unos días tranquilísimos sin tener que aguantar a «ese entrometido gordinflón» —prosiguió Bets—. Lo cierto es que estuvo muy grosero. Agregó que se alegraba de que estuvieses en cama sin poder hacer diabluras y que, por suerte, tendrías que volver a la escuela antes de darte tiempo a «cometer» ninguna.

—¡Vaya, vaya! —mascculló Fatty, incorporándose con aire decidido—. ¿Conque eso es lo que se figura, eh? Pues lo mejor que podría hacer es ponerse en guardia, porque mañana me levantaré y pasado mañana saldré a la calle. ¡Y en cuanto me sostenga en pie sucederán muchas cosas inexplicables para Goon!

—¿Qué cosas? —interrogó Bets, emocionada—. ¡Oh, Fatty! ¿Te refieres a un misterio?

—En efecto, a un misterio —asintió Fatty—, aunque tengo que inventar uno. Si Goon cree que va a gozar de unas apacibles vacaciones mientras estamos en casa, está muy equivocado. Puedes estar segura, Bets, de que nos divertiremos de lo lindo en cuanto me levante. ¡Cáscaras! ¡Sólo de pensarlo me siento mejor!

—¿Qué clase de diversión será ésa? —inquirió Bets con ojos centelleantes—. ¡Oh, Fatty! ¡Ojalá surgiera un nuevo misterio! Lo malo es que ya no nos queda tiempo. Aun «en caso» de que se nos pusiera uno por delante, tendríamos que volver a la escuela sin resolverlo.

—No importa —tranquilizóla Fatty—. Antes de reanudar las clases nos divertiremos un poco a costa del viejo Goon. Ya planearé algo en que podamos intervenir todos. Conque no te preocupes. Todo se andará.

Bets sabía positivamente que su amigo idearía algo. Era único para maquinar planes. Pero al ver que el muchacho cerraba los ojos y se deslizaba de nuevo entre las sábanas, la niña preguntó ansiosamente:

—¿Te encuentras bien, Fatty?

—Perfectamente —aseguró el chico—. Acaba de ocurrírseme una idea, eso es todo. Ya sabes lo que pasa con las ideas: vienen de sopetón, sin necesidad de reflexionar previamente.

—Pues a «mí» no me sucede esto —se lamentó Bets—. Tengo que pensar mucho para dar con una buena idea y, aun así, rara vez consigo mi intento. Lo que pasa es que tú eres un genio, Fatty.

—Bien, yo no diría tanto —repuso Fatty modestamente—. Pero, en general, doy ciento y raya a la mayoría de la gente. Por ejemplo, recuerda cómo desentrañamos los misterios cuando yo tomo la iniciativa, y...

Fatty estuvo diez minutos alardeando sin recato y Bets escuchó sus fanfarrias con veneración. De hecho, los dos pasaron un buen rato.

—¿Qué hora es? —preguntó Fatty de pronto—. Seguramente «ya» es hora de almorzar, Bets. ¿Te queda algún bombón? Estoy hambriento.

—Creo que ahora traen la comida —respondió Bets, aguzando los oídos—. Sí, es tu madre. Voy a ayudarla a traer las bandejas.

A poco apareció la señora Trotteville con una bandeja conteniendo dos humeantes platos de sopa. Fatty los miró, desilusionado.

—¡Oh, mamá! ¿Otra vez sopa? ¿Cuándo podré saborear una comida decente? ¡A base de sopa nunca me repondré!

—Ayer asegurabas ser incapaz de tomarte ni una sola cucharada de sopa —replicó su madre, depositando la bandeja en una mesita—. En fin, no te inquietes. Después, si quieres, te daré pollo asado y todo lo que te apetezca.

—Eso es otra cosa —suspiró Fatty—. ¿De qué es el budín? Guárdame dos raciones, mamá.

La señora Trotteville se echó a reír.

—Vamos, Frederick, no seas exagerado. De todos modos, el médico ha dicho que puedes alimentarte bien ahora, después del bajón de temperatura. Cuando queráis el segundo plato, pásame la bandeja, Bets, ¡y no permitas que Federico se zampe tu sopa además de la suya!

Capítulo III

AQUELLA TARDE

Ambos se tomaron la sopa muy a gusto, en agradable silencio. Estaba caliente y bien condimentada. Fatty la acompañó con dos tostadas y se lo zampó todo con apetito. ¡Parecía más hambriento que Bets!

Súbitamente, los dos amigos percibieron un lejano ladrido. Fatty escuchó atentamente y dijo, enfurruñándose:

—Creo que a mamá no le costaría nada dejarme ver a *Buster* hoy. Me distraería mucho tenerlo aquí.

—Ayer no quisiste que entrara —le recordó Bets, tomando la última cucharada de sopa—. Dijiste que te molestarían sus ladridos.

—¿De veras? —exclamó Fatty, sorprendido—. No comprendo cómo se me ocurrió semejante cosa. Opino que *Buster* tiene un modo de ladrar muy agradable, ni muy estridente, ni muy sordo, como corresponde a un terrier de raza. ¿Serías tan amable de preguntar a mamá si me permite tenerlo aquí esta tarde, Bets? Es posible que acceda si tú se lo pides.

—De acuerdo, se lo preguntaré —convino Bets, levantándose para llevarse la bandeja—. Pero apuesto a que no lo dejará subir a la cama, Fatty. ¿Estás seguro de que quieres un poco de pollo ahora? Yo me he quedado un poco harta ya después de la sopa.

—Sí, y una buena ración de salsa de pan —declaró Fatty—. Y más tostadas. Esta sopa me ha reconfortado, pero no me ha sacado el vientre de penas. ¿Estás segura de que no prefieres que baje yo la bandeja, Bets?

—No seas bobo —replicó la chiquilla, alborozada.

Y se fue con la bandeja. La señora Trotteville se quedó sorprendida al saber que Fatty quería pollo, y llenó sendos platos del guiso, uno para él y otro para Bets.

—El budín es de manzana hervida y arroz —explicó la dama—. Federico dijo que quería dos raciones, pero estoy segura de que ni siquiera podrá con una. Aquí tienes, Bets, ¿serás capaz de subirlo?

Bets llegó a la habitación con la bandeja y la depositó en la mesilla de noche. Fatty contempló su contenido con satisfacción.

—Será mejor que me lo zampe antes de que pierda el apetito —decidió.

Y procedió a comérselo. No cabía duda que estaba en vías de franco restablecimiento. ¡Nadie hubiera podido comer de aquel modo de haberse sentido enfermo!

No obstante, antes de terminarse el pollo y las hortalizas que lo acompañaban, el muchacho inquirió:

—¿De qué es el budín?

—De manzana hervida y arroz —contestó Bets.

—¡Uf! —gruñó Fatty con una mueca—. ¡Valiente budín preparan, para una persona enferma! Bastante desgracia es tener que comérselo cuando uno está bueno. No quiero tomarlo.

—Supongo que pretendes hacerme creer que te habrías tomado dos enormes raciones si hubiese habido budín de melaza —sugirió Bets con sorna—. Eres un mentirosuelo, Fatty. Lo que ocurre es que no puedes probar ni un bocado más. Lo mismo me sucede a mí. Voy a bajar esta bandeja.

—No te olvides de preguntar a mamá si puede subir *Buster* esta tarde —le gritó Fatty.

Bets entregó la bandeja a la dueña de la casa y, tras comunicar a ésta que ninguno de los dos deseaba comer el budín de manzanas y arroz, le preguntó lo de *Buster*.

—Bien —murmuró la señora Trotteville, tras unos instantes de reflexión—, no tengo inconveniente con tal que Frederick esté quieto en cama y no se excite con *Buster* dando vueltas por la habitación. ¡Ah, Bets! Por cierto, que tu madre me ha dicho que puedes quedarte a merendar, si quieres. Asegura que Pip tendrá una visita esta tarde, y que no te vendría mal variar un poco y pasar otro rato con Frederick. ¿Qué dices a esto?

—Por mí, encantada —convino Bets—. Pero, ¿no descansa Fatty por la tarde? Cuando tuve la gripe, me obligaban a dormir un poco después de comer.

—Y a él también —afirmó la señora Trotteville—. Pero entonces no es necesario que estés con él. Puedes bajar aquí y leer un libro y luego subir de nuevo cuando se despierte. Una vez haya descansado lo suficiente, Frederick avisará con el timbre o con un bastonazo en el suelo. Si por entonces sigue pidiendo a *Buster,* te doy permiso para subírselo.

—¡Estupendo! —celebró Bets—. Ahora voy a ir a la cocina a saludar a *Buster,* señora Trotteville. El pobrecillo debe de echarnos mucho de menos.

Buster le dispensó una frenética bienvenida, saltando y brincando a su alrededor con sus cortas patas, y dando volteretas como si fuese un cachorro de seis meses. Al propio tiempo, ladraba con tal ímpetu, que las dos sirvientas sentadas a la mesa ante sus tazas de té, se taparon los oídos con las manos.

—Esta tarde subirás a ver a tu amo —anunció Bets—. ¿Oyes lo que te digo, *Buster*? ¡Veras a tu amo!

Pero el perrito, creyendo que Bets le decía que iba a subir a la habitación en aquel preciso instante, se precipitó a la cerrada puerta, ladrando locamente.

—Ahora no, *Buster* —ordenó Bets, riendo—. Vendré a buscarte más tarde, dentro de una hora, más o menos.

Por suerte, logró deslizarse fuera de la cocina antes de que *Buster* pudiera colarse por la puerta. El terrier se quedó ladrando en son de protesta. ¿A qué venía aquella actitud de Bets después de todas sus promesas? ¿Cómo se atrevía a ir a ver a su querido amo sin llevarlo a él consigo? ¡Guau, guau, guau! ¡Grrrrrr!

Bets subió a dar a Fatty la grata noticia.

—Si quieres, te acomodaré —se ofreció la niña—. Luego, duerme un rato y cuando despiertes, golpea el suelo con ese bastón y subiré con *Buster*. Me quedo hasta la hora de merendar, de modo que tendremos tiempo de sobra de hablar y jugar a lo que sea.

—Magnífico —exclamó Fatty, complacido, al tiempo que se acomodaba en la cama para dormir un rato—. Pero no te vayas, Bets. Mira, allí tienes un confortable sillón y, si quieres, puedes tomar una de mis novelas de Sherlock Holmes. Hay un montón de ellas en aquella mesa.

—Tu madre me ha dicho que baje a leer abajo —repuso Bets—. De modo que me voy.

—No, no te marches —insistió Fatty—. No me gusta quedarme solo. No te vayas, Bets.

—¡No seas bobo! —replicó la niña lanzando una carcajada—. ¡Pero si te importa un bledo estar solo!

¡Además, dentro de un momento estarás durmiendo como un tronco!

—Bets —murmuró Fatty de pronto, en un tono que indujo a la pequeña a mirarle sorprendida—. ¡«Debes» quedarte conmigo, Bets! ¡A causa de las voces!

Bets le contempló boquiabierta. ¿Voces? ¿A qué se refería Fatty?

—¿Qué voces? —interrogó la niña.

—No sé exactamente —respondió Fatty, persistiendo en su aire misterioso—. A veces creo que es un gato. Otras, una gallina. Y en cierta ocasión era un perro gruñendo.

Bets no cabía en sí de asombro.

—¿Dónde, aquí en tu habitación? —inquirió con incredulidad—. Fatty, sin duda tuviste fiebre muy alta y creíste oír voces.

—Te repito que «oigo» voces en esta habitación cuando estoy solo —aseguró Fatty, apoyándose sobre un codo y adoptando un aire de absoluta seriedad—. Además, hay un estúpido viejo que pide insistentemente un cigarrillo. Por favor, Bets, quédate conmigo. De este modo, si tú oyes las voces podremos intentar averiguar de quién son. Anda, siéntate en aquel sillón. Y no digas una palabra de esto a mamá, ¿oyes? Pensaría que vuelvo a tener fiebre.

—De acuerdo, me quedaré —decidió Bets, incrédula y desconcertada—. Pero tengo la certeza de que te has inventado todo esto para que me quede aquí contigo. Y eso no me parece bien, Fatty.

—Te aseguro, Bets, que he oído voces en mi habitación. Eso es tan cierto como que estoy aquí, en esta cama. ¿Me creerías si las oyeses? ¿Ves ese plato de porcelana que hay encima de la repisa de la chimenea? Pues bien, lo he oído graznar. ¿Y ves ese perro del cuadro? ¡Ladra y gruñe!

—Échate, Fatty —ordenó Bets, apremiándole—. Estás soñando. O bien en plan de guasa. Yo me sentaré en ese sillón a leer a Sherlock Holmes. No digas una palabra más. De lo contrario, se presentará tu madre a ver qué pasa.

Fatty obedeció, en tanto la chiquilla se arrellanaba en el sillón preguntándose por qué Fatty insistía tanto en lo de las voces. Por último, llegó a la conclusión de que, a buen seguro, su amigo había tenido una fiebre tan alta, que había delirado un poco y oído voces imaginarias. Lanzando un bostezo, la chiquilla abrió su libro.

A poco se quedó dormida, lo mismo que Fatty. Aparte del rumor de un leño en la chimenea, donde ardía un resplandeciente fuego, reinaba un profundo silencio. *Buster* dormitaba en la cocina, manteniendo un ojo abierto para vigilar a la enorme gata. Ésta se veía obligada a permanecer a cierta distancia del perrito. Con sólo aventurar una pata fuera del límite establecido, lo tendría encima para morder.

El reloj de la repisa de la chimenea marcaba su tic-tac. Las dos y media. Las tres. Fuera, llovía, y la tarde estaba muy oscura, tanto que Bets no hubiera podido leer de haber estado despierta. Las tres y media. Fatty y Bets permanecían absolutamente inmóviles, y el fuego decrecía por momentos.

De pronto, Bets se despertó sobresaltada. ¿Dónde estaba? ¡Ah, sí! ¡En el sillón del dormitorio de Fatty! ¡Cómo se había consumido el fuego! Sin duda, Fatty continuaba durmiendo porque no había encendido la luz, y la habitación estaba muy oscura.

—¡Cuac, cuac, cuac!

Bets dio un respingo. Sus ojos se posaron incrédulamente en el gran pato de porcelana dispuesto en la repisa de la chimenea. ¿Procedería el graznido de allí?

Su corazón latió locamente. ¿Sería aquélla una de las «voces» mencionadas por Fatty? La niña contempló al pato de hito en hito y, en un momento dado, le pareció que se movía.

—¡Cuac, cuac, cuac! —se oyó de nuevo.

Era un graznido grave, exactamente igual que el producido por los ánades del estanque. Bets no daba crédito a sus oídos.

—¡Clo-clo-clo-clo-clo-clo!

Bets se quedó petrificada en el sillón. ¡Ahora cloqueaba una gallina, allí, en la habitación! Pero, ¿cómo? ¿Por qué? ¡Y en seguida percibió el quedo gruñido de un perro!

La niña echó una ojeada al cuadro del perro, pero apenas pudo entreverlo en la oscuridad. Entonces, el perro volvió a gruñir y lanzó un pequeño ladrido.

Casi sin transición, una voz temblorosa procedente del armario del rincón, barbotó:

—Un cigarrillo, por favor. ¡Uno solo, señor!

—¡Cielos! —farfulló Bets, asustada—. ¡Fatty, Fatty! ¡Despierta! ¡Las voces de que me hablaste están aquí!

Percibió el chasquido del interruptor de la lamparita instalada en la mesilla de noche. Fatty se incorporó de la cama, mirando a Bets.

—¿Tú también las has oído? —preguntó—. ¡Atiende! ¡Ya empieza otra vez el viejo! —agregó, señalando el armario.

Bets miró al punto en la dirección indicada.

—Un cigarrillo, por favor. ¡Uno solo, señor!

—Esto no me gusta nada —murmuró Bets, precipitándose a Fatty—. Tengo miedo. ¿Qué es esa voz, Fatty?

—¡Cuac, cuac cuac!

—¡Clo-clo-clo-clo-clo-clo!

—¡Mu-u-uu!

—¡Oh, Fatty, Fatty! —sollozó Bets, cubriéndose la cara y las orejas—. ¿Qué es esto? ¡Salgamos de esta habitación, Fatty! ¡Tengo miedo!

—¡No llores, Bets! —instó Fatty, rodeando a la asustada chiquilla con un brazo—. ¡No pretendía hacerte llorar! ¡Pensé que adivinarías el truco en seguida! Has sido una tontina, Bets, de no comprenderlo en el acto.

—¿Comprender qué? —inquirió la niña, estupefacta, contemplando el risueño rostro de su amigo—. ¡Fatty! ¿No, será una broma tuya, verdad? ¡Vamos, dímelo!

—Es un secreto, Bets —susurróle Fatty al oído—. Estoy haciendo prácticas de ventriloquia, eso es todo. ¿De veras no lo adivinaste?

Capítulo IV

UNA LECCIÓN DE VENTRILOQUIA

Sin dar crédito a sus oídos, Bets contempló asombrada, el sonriente rostro de su amigo.

—Pero..., pero..., ¿así eras tú el que graznaba? —inquirió la pequeña—. ¿Y la gallina que cloqueaba, el perro que ladraba y el viejo que pedía un cigarrillo? ¡No puedo creerlo, Fatty!

—Pues así es —confirmó Fatty—. Me pasé todo el último trimestre ejercitándome. Cada noche, en nuestro dormitorio, sonaban ruidos raros procedentes de los rincones de la estancia. Y lo mismo ocurría en clase. Una vez incluso conseguí que el maestro fuese a abrir una alacena para ver si maullaba un gato allí.

—Pero, Fatty —farfulló Bets, estupefacta—, ¿cómo lo haces? He visto muchos ventrílocuos en el teatro, haciendo hablar a sus muñecos, pero, ¿cómo te las arreglas tú para imitar esas voces? ¡He pasado un mal rato, Fatty!

—Vamos, no seas boba —masculló el chico—. Si hubiese sospechado que ibas a asustarte así, no te habría gastado esa broma. Ello demuestra que lo hago muy bien. Lo cierto, Bets, es que no hay ningún pato, gallina, perro, ni viejo parlante en esta habitación. Mi único intento era ver si lograba desconcertarte, pero no pretendía asustarte. ¡Cáscaras! ¡Debo ser mejor ventrílocuo de lo que creía!

De nuevo se oyó una voz procedente del armario, o al menos así le pareció a Bets.

—Un cigarrillo, por favor. ¡Uno solo, señor!

Bets se volvió rápidamente a Fatty, y se echó a reír.

—¡Oh, Fatty! Eres muy listo, pero he visto que se te movía la garganta al decir eso. Lo que no comprendo es cómo te las arreglas para dar la impresión de que tu voz procede de otro sitio. ¡Es maravilloso, Fatty! ¡Qué sorpresa se llevarán los demás!

—Bien —empezó Fatty, sentándose cómodamente en la cama—, voy a contarte algo de lo que hace el caso, Bets. En el curso del último trimestre vino a nuestro colegio un individuo para entretenernos. Era un ventrílocuo y tenía un par de muñecos de expresión bobalicona que movían la cabeza a izquierda y derecha, además de poder abrir y cerrar los ojos y la boca. ¿Has visto alguna vez un ventrílocuo? Pues bien, aquel hombre era un fenómeno, tanto, que no logré sorprender el menor movimiento de su boca o su garganta; y no obstante hacía hablar e incluso cantar a sus muñecos con su propia voz.

—Sí, yo también admiro mucho a los ventrílocuos —convino Bets—. No tengo la más pequña idea de cómo se las arreglan. En cambio, «tú», Fatty, pareces muy enterado, puesto que sabes imitar voces...

—Sólo un «poquito» —repuso Fatty—. Pero he tenido que aprenderlo en libros, porque en el colegio no le enseñan a uno cosas tan útiles e interesantes como la ventriloquia, la magia o la caracterización. ¡Qué lástima que no incluyan todo eso en el programa! ¡Con qué gusto lo estudiaría!

—Lo mismo digo yo —murmuró Bets—. ¿De modo, Fatty, que tuviste que hacer prácticas de ventriloquia solo, sin ayuda de nadie?

—En efecto —asintió Fatty—. Pero resulta difícil guardar un secreto en el colegio y, por tanto, tuve que compartirlo con varios compañeros. Actualmente somos seis los que nos dedicamos a practicar en mi colegio.

—Pero apuesto a que tú eres el mejor, Fatty —saltó Bets al punto.

Fatty hubiera deseado poder dar una respuesta afirmativa a esta pregunta, pero su sentido de la honradez le indujo a confesar que otro muchacho le aventajaba en aquella habilidad.

—En nuestro colegio tenemos un chico negro —explicó—, un príncipe zulú o algo por el estilo. Él es el mejor de todos. Pero no es de extrañar que así sea, porque por lo visto todos sus tíos, abuelos y tatarabuelos dominaban ese arte. Al parecer, los zulús poseen de antiguo esta habilidad. Sea como fuere, el caso es que cuando supo que yo intentaba aprender a imitar voces, me enseñó varios trucos.

—Cuéntame, Fatty —instó Bets—. ¿Qué trucos?

—Bien —accedió Fatty, sacudiendo sus almohadas para ponerse más cómodo—. En primer lugar, te explicaré el significado del nombre ventriloquia. Procede de dos palabras, «venter», que significa vientre, y «loqui», que significa hablar. En otras palabras, la gente suponía que un ventrílocuo era un hombre capaz de hablar valiéndose del estómago.

—Según eso, ¿utilizas el estómago para imitar esas voces? —preguntó Bets—. En tal caso, deberías tener una magnífica voz de ventrílocuo, porque tienes un barrigón.

—No seas impertinente —protestó Fatty con dignidad—. En realidad, la gente que pensaba eso se equivocaba, porque el estómago «no» se emplea para nada.

—¿Entonces, cómo se hace? —insistió Bets, profundamente interesada.

—Pues verás —prosiguió Fatty—, según mi propia experiencia, un ventrílocuo forma las palabras normalmente, con la diferencia de que deja escapar el aliento muy lentamente, cerrando la glotis (o sea la garganta) en lo posible, sin abrir apenas la boca. Además, sólo mueve la punta de la lengua.

Bets no seguía muy bien todas estas explicaciones, pero el hecho no le importaba mayormente porque no tenía intención de practicar la ventriloquia. Estaba segura de que no servía para ventrílocua. ¡Era demasiado difícil! En cambio, Fatty, como de costumbre, había conseguido lo imposible.

—«Eres» muy listo, Fatty —ensalzó la chiquilla—. Ahora haz un poco de prácticas de ventriloquia para que yo vea cómo lo haces.

Pero, naturalmente, Bets no captó el truco y sólo acertó a observar que Fatty movía un poco la garganta y, en una ocasión, los labios, al tiempo que una voz temblorosa que parecía muy lejana del muchacho, murmuraba:

—Un cigarrillo, por favor. Uno solo, señor.

Instintivamente, la niña miró en dirección al armario. Fatty hizo lo propio, como si, en efecto, hubiese alguien allí.

—Es curioso —comentó Bets—, realmente curioso. ¿Cómo te las arreglas para que tu voz suene tan lejana de ti, Fatty?

—Es un truco. Por eso miras hacia el lugar de donde te imaginas que procede la voz y la oyes. Sin embargo, el compañero zulú de que te hablaba es «realmente» capaz de proyectar su voz a un punto lejano. Cierto día, nos pareció que alguien nos llamaba al otro lado de la puerta del aula, pero, cuando acudimos a abrir, no había nadie a la vista. Entretanto, el amigo Bootanti sonreía satisfecho, sentado en su pupitre, en el interior de la clase, repitiendo: «He engañado a unos chicos ingleses, he engañado a unos chicos ingleses.»

—Me gustaría ir a tu colegio —suspiró Bets—. Según lo que cuentas, debe de ser muy divertido, Fatty. Bien, ahora ya eres ventrílocuo. ¿Qué otros planes tienes además?

—Nadie sabe la utilidad que pueden tener algunas cosas en un momento dado —declaró Fatty—. Es posible que me resulte muy útil el día de mañana, cuando sea detective. En cualquier caso, resulta un truco divertidísimo.

De pronto, ambos oyeron unos excitados ladridos y el rumor de unas ágiles patas en la escalera.

—¡Es *Buster*! —exclamó Fatty—. ¡Cáspita! Con todo esto de la ventriloquia, nos hemos olvidado por completo del pobre *Buster*. A propósito, Bets, no digas una palabra a mamá de mis habilidades de ventrílocuo.

Antes de que Bets pudiera asegurarle que guardaría su secreto, se abrió la puerta dando paso a la señora Trotteville precedida de un excitadísimo *Buster*, que, saltando directamente a la cama, arrojóse sobre Fatty, echándole las patas a los hombros y lamiéndole la cara entre ladridos.

—¡Por favor, *Buster*, por favor! —suplicó Fatty, desapareciendo bajo las sábanas, para zafarse del perro.

Buster se coló bajo las sábanas, a su vez, y al punto

sobrevino un auténtico terremoto dentro de la cama, con gran acompañamiento de voces y ladridos.

—¡Frederick! —gritó la señora Trotteville—. ¡*Buster* debe salir de aquí inmediatamente! ¡Cielos! ¡Ninguno de los dos me escucha! ¡«Fatty»! ¡*Buster!* ¡«Fatty»!

Por fin, apareció Fatty entre las sábanas, con el pelo enmarañado y los ojos brillantes, sujetando a *Buster* con tal fuerza, que el animal no podía menear ni siquiera una pata.

—¿Qué le ha dado a ese perro, mamá? —preguntó el muchacho—. ¡Está loco de atar!

—¡Oh, Frederick! —instó la señora Trotteville—. ¡Échalo de la cama! Eso es, *Buster*. Sé bueno. Si vuelves a subirte a la cama, iré a buscar a la gata para que te dé tu merecido.

—¡Guau! —ladró *Buster*, sin cumplidos—. ¡Guau!

—Oye, Frederick —prosiguió la dama—. Ya casi es hora de merendar. Si quieres, levántate un par de horas. Ponte el batín. Podrás aprovechar para merendar. Bets puede bajar a buscar la merienda dentro de diez minutos.

Dicho esto, la señora salió de la habitación. Inmediatamente, *Buster* saltó de nuevo a la cama, pero esta vez no metió tanta bulla. Tras saludar a Fatty un momento antes, ya no tenía por qué meterla. Limitóse, pues, a permanecer junto a él y a lamerle la mano cada vez que la tenía a alcance de su negro hociquito.

Bets buscó el batín y las zapatillas de Fatty, y dispuso el sillón ante la chimenea. Fatty se levantó de la cama, desistiendo de saltar al comprobar que las piernas no le obedecían. De hecho, tenía aún las rodillas muy débiles.

—¿Piensas decir a los demás lo de la ventriloquia? —interrogó Bets—. ¿Les enseñarás a hacerlo?

—No —repuso Fatty—. La dificultad no está en

«aprender» ese arte, Bets, sino en practicarlo. Para eso, hay que hacer toda clase de ruidos raros, y a la gente no le gusta oírlos.

—Ya me lo figuro —convino Bets—. Mamá se molestaría si Pip tratara de aprender. ¡Siempre se queja de que es demasiado bullicioso! ¡Conque fíjate si se convirtiera en ventrílocuo! Además, esta vez ha tenido bastante malas notas. Papá y mamá achacarían esa deficiencia a la ventriloquia.

—Lástima —murmuró Fatty, tomando una tostada untada con mantequilla—. ¿No hay un poco de miel? Siempre he creído que las tostadas calientes con miel y mantequilla forman una combinación excelente, pero, por lo regular, nunca me las sirven con los dos ingredientes. ¿Serías tan amable de ir a por un poco de miel, Bets? Procura no tardar mucho. De lo contrario, esa miel no va a ser necesaria.

—¿Por qué no? —inquirió Bets, sorprendida.

—Porque me habré zampado todas las tostadas —declaró Fatty—. ¡Vamos, date prisa!

—Eres un tragón, Fatty —reconvino la niña—. ¡Refrénate y no te las comas todas! ¡En mi vida había visto unas tostadas tan suculentas! ¡Están nadando en mantequilla!

Bets fue por la miel. Fatty miró a *Buster,* sentado a su lado, en el suelo, en tanto contemplaba a su amo con adoración, con la boca abierta y la lengua fuera debido al calor del fuego. Fatty tomó una tostada e inclinándola hacia el perro, dejó caer dos o tres gotas de mantequilla derretida en la rosada lengua del animal. *Buster* se mostró agradablemente sorprendido. Tragó dos veces y luego volvió a sacar la lengua.

—Cuac, cuac, cuac —profirió Fatty, desde el fondo de su garganta.

Buster meneó la cola, alzando hacia él unos ojos interrogantes.

—Clo-clo-clo-clo-clo —cloqueó Fatty—. ¿Dónde está esa gallina, *Buster*? ¿Dónde está?

Buster alzó de nuevo los ojos y golpeó el suelo con el rabo, pero no se movió para buscar ningún pato ni gallina.

—Eres muy sensato, *Buster* —elogió Fatty, con la boca llena—. A pesar de mis esfuerzos por hacerte creer que los ruidos proceden de otro sitio, tú sabes perfectamente que los hago «yo», ¿no es eso? ¡Cuac, cuac, cuac!

Capítulo V

EL SEÑOR GOON OYE VOCES RARAS

A los tres días, todos los Indagadores se hallaban ya completamente repuestos de su enfermedad. Quizá contribuyó a ello una inesperada racha de buen tiempo. El caso es que todos decidieron salir a tomar el sol, prescindiendo del frío que pudiera hacer.

Por primera vez durante aquellas vacaciones fueron a pasear juntos, y pasaron un buen rato, aunque en realidad Bets era la única que tenía ganas de correr.

—Propongo que entremos en la granja a tomar una taza de chocolate caliente —sugirió Fatty, cuando llegaron a la calle Mayor—. Vamos, *Buster,* no pierdas el tiempo mirando a los gatos sentados en lo alto de las tapias. ¡No bajarán para darte gusto a ti! ¡Me sorprende que un perro tan listo como tú no sepa aún una cosa tan elemental!

Los chicos entraron en la pequeña lechería e instaláronse en una de las mesas. En verano, solían tomar allí leche helada, refrescos o helados. En invierno, el pequeño establecimiento hacía el gran negocio a base de leche caliente, cacao y chocolate a la taza.

Una mujer baja y regordeta acudió a servirles.

—Vaya, vaya —les dijo, sonriente—. Creí que habíais vuelto a la escuela. Llevaba muchos días sin veros. ¿Qué vais a tomar?

—Chocolate caliente, galletas de jengibre y bollos de pasas —encargó Fatty, que siempre disponía de mucho dinero para sus gastos.

—Esta vez, invito yo —declaró Larry—. Todavía no he gastado ni siquiera la mitad de mi aguinaldo. Tú ya nos has invitado muchas veces.

Fatty accedió. Sabía que a Larry le molestaba un poco que siempre pagase él los convites, y se consoló pensando que, en todo caso, podría invitar a sus amigos a una segunda taza de chocolate con galletas.

—Por lo visto, la gripe me ha abierto el apetito —dijo—. Hace dos días que no paro de comer.

—¡Qué suerte! —exclamó Daisy—. A mí me encanta tener apetito.

—Porque sabes que podrás saciarlo —repuso Pip—. En cambio, no sería nada divertido sentir hambre si no tuviese uno ni un pedazo de pan que llevarse a la boca en varios días.

Ninguno de los muchachos acertó a responder a esta observación. De pronto, *Buster* se levantó y, dirigiéndose a la puerta, se puso a ladrar ruidosamente.

—¡Cállate, *Buster*! —ordenó Fatty—. ¡Repórtate! No ladres a esa anciana.

—No es una anciana —replicó Bets, de pronto, atisbando por el escaparate de la tienda, desde su asiento—. Es el señor Goon.

—Confío en que no entre aquí —suspiró Pip, procediendo a comerse un bollo de pasas—. ¡Qué rico está esto! ¡Son pasas fresquísimas!

Bets dio una mirada circular a la tienda. En la repisa de la chimenea había una vaca modelada en barro, de aproximadamente medio metro de altura, con la cabeza móvil bajo el debido impulso.

—Me gusta esta vaca —declaró Bets, levantándose para acercarse a ella—. Voy a hacerla cabecear. A ver si consigo que menee la cabeza todo el tiempo que estemos aquí.

Y tras dar impulso a la cabeza de la figura, volvió a su silla, sin perder de vista a la vaca. En aquel momento *Buster* se puso a ladrar de nuevo, obligando a los cinco amigos a volverse a mirar hacia la puerta.

El señor Goon se hallaba allí de pie, con los botones de la guerrera a punto de estallar bajo la tensión de su rolliza humanidad.

—Llama a ese perro —ordenó a Fatty—. Átalo a una correa. No estoy dispuesto a que ande danzando alrededor de mis tobillos.

—¿Por qué quiere usted que lo ate? —preguntó Fatty—. ¿Piensa usted quedarse aquí a tomar algo?

Al mismo tiempo el muchacho ató hábilmente a *Buster* a una correa y le obligó a sentarse. De hecho, Fatty ardía en deseos de que el señor Goon se sentase a tomar algo, porque tenía una genial idea y ansiaba ponerla en práctica.

El señor Goon se dirigió a una mesa inmediata a la de los cinco muchachos, procurando dejar una libre en medio. Una vez instalado, pidió una taza de cacao y un bollo.

—Mala época de frío para usted, ¿verdad, señor Goon? —comentó la mujer baja y regordeta, poniendo una taza de cacao y un bollo ante el rubicundo policía.

El señor Goon no se dio por aludido. En lugar de ello, miró a la pandilla y espetó:

—¡Caramba, caramba! ¡Qué tranquilidad he tenido estas vacaciones, sin intromisiones ni abusos de la Ley!

Todo gracias a la gripe. Me figuro que habréis pasado un mal rato sin poder meter las narices en un misterio.

Nadie contestó. Fatty murmuró unas palabras a Larry y éste le contestó brevemente. Ninguno de los muchachos miraba al señor Goon, y como a éste no le gustaba que le ignorasen, inquirió levantando la voz:

—¿O quizá tenéis ya algún misterio entre manos para armar otro lío?

—¿Cómo se ha enterado usted de «eso», señor Goon? —exclamó Fatty, mirándole sorprendido—. Oye, Larry, ¿no será que has ido contando algo acerca de nuestro último misterio por el pueblo?

—¿A qué caso te refieres? —preguntó Larry, secundando inmediatamente la invitación de Fatty a divagar—. ¿Al misterio del reino del hocico colorado o al de los platillos volantes? Me parece recordar que ya los resolvimos los dos, ¿no es eso?

—Naturalmente —asintió Fatty—. No me refería a «esos». Probablemente, a estas horas el señor Goon ya está enterado de todo lo referente a estos casos. Están ya pasados de moda, ¿verdad, señor Goon? No, Larry. Me refería al Misterio de las Voces Raras.

—¡Bah! —saltó el señor Goon, dando un violento bocado a su bollo—. ¡Voces raras! ¡No sabes lo que te pescas! ¡Todo son majaderías e invenciones tuyas!

Los otros cuatro aguzaron los oídos al oír hablar a Fatty de voces raras. Por entonces, conocían todos ya sus facultades de ventrílocuo, pues el chico había practicado algunos de sus trucos ante ellos. ¿Por qué hablaba de voces raras al señor Goon?

—Majaderías y embustes —repitió el policía tomando un sorbo de cacao caliente—. ¡Voces raras! ¡Bah!

—¡Ah, sí! —secundó Larry, dirigiéndose a Fatty en voz alta para que pudiera oírle el señor Goon—. Ese misterio está aún pendiente de resolución, ¿verdad? El caso no puede ser más curioso: una colección de gente que oye extrañas voces inexistentes. Apuesto a que se trata de algún encantamiento.

—Puerilidades— gruñó el señor Goon, bebiéndose el cacao ruidosamente.

—Es posible que tenga usted razón —convino Fatty con gravedad—. Pero lo crea usted o no, lo cierto es que últimamente algunas personas han oído graznidos de pato, cloqueos de gallina y voces humanas en lugares donde, al parecer, no había rastro de patos, gallinas ni personas.

—¿Insinúas que esa vaca de la repisa de la chimenea se pondrá a mugir de un momento a otro? —ironizó Goon, engulléndose el último bocado de su bollo de pasas.

Fatty garabateó al punto unas palabras en un papel y lo pasó a los demás, empujándolo a través de la mesa. Sus amigos leyeron estas palabras:

«La vaca mugirá. Pero ninguno de nosotros debe oírlo.»

El señor Goon se enjugó la boca con la servilleta.

—¡Graznidos de pato, cloqueos de gallina, mugidos de vaca! —profirió sarcásticamente—. Necedades, palabrería tonta.

—Es una vaca muy bonita, ¿verdad? —comentó Bets, observándola—. Y todavía menea la cabeza.

El señor Goon la miró también.

—Mu-u, mu-u, mu-u —mugió la vaca, al compás de su cabeceo.

El mugido resultó tan realista, tan sincrónico con el movimiento de la cabeza, que incluso los chicos, a excepción de Fatty, creyeron por un momento que el mugido procedía realmente del animal.

El señor Goon contempló la figura, estupefacto.

Luego, echó una ojeada circular a los muchachos. Naturalmente, ninguno de ellos prestaba atención al mugido, siguiendo las instrucciones de Fatty. En vez de ello, continuaban bebiendo chocolate como si tal cosa, en tanto Bets hacía votos por no echarse a reír.

El señor Goon miró de nuevo a la vaca de la cabeza móvil. Ésta había cesado de mugir debido a los invencibles deseos de Fatty de prorrumpir en carcajadas. Pero en el momento en que el policía posaba la vista en la figura, ésta lanzó un mugido tan sonoro e inesperado, que el hombre dio un respingo; el mugido decreció, pero siguió sonando al compás del cabeceo del animal.

El señor Goon tragó saliva.

—Mu-u, mu-u —prosiguió la vaca, moviendo la cabeza.

Nadie hubiera dicho que el autor del mugido era Fatty reflejando la voz en la repisa de la chimenea.

El señor Goon sintió náuseas, sin saber a qué atenerse. Una vez más, miró a los chicos. Ninguno de ellos prestaba la menor atención a la mugiente vaca, ni tampoco *Buster*, naturalmente. ¿Era posible que no oyesen lo que tan claramente oía él?

La mujer menuda y regordeta reapareció en la tienda con más bollos para los muchachos. La vaca cesó de mugir. Entonces, el señor Goon, aclarándose la garganta, dijo a la tendera:

—Tiene usted una vaca muy bonita, buena mujer. Me refiero a esa de la repisa de la chimenea. ¡Parece de verdad! ¡Casi da la impresión de que va a ponerse a mugir!

—¡Qué cosas tiene usted, señor! —exclamó la mujer—. ¡Cielos! ¡Si la oyese mugir, me llevaría el susto padre! ¡Creería que me estaba volviendo loca!

—De eso precisamente estábamos hablando —intervino Fatty gravemente—. La gente oye Voces Raras por ahí. ¿Qué serán? ¿Una advertencia? ¡Cáscaras! ¡Me alegro de «no» oírlas!

—No cabe duda que vivimos en una época inusitada —gruñó la mujer, desconcertada.

Y desapareció nuevamente. La vaca reanudó sus mugidos, mas tan quedamente, que el señor Goon no estaba seguro de oírla. A lo mejor, todo eran imaginaciones. El hombre contemplaba la vaca tan atentamente que Bets sintió irresistibles deseos de reír cosquilleándole en el estómago. Y como sabía por experiencia que, tarde o temprano, estallaría, suplicó a los demás en voz baja:

—Por favor, hablad. Voy a reventar.

Todos, excepto Fatty, cuchichearon animadamente, soltando todas las tonterías imaginables. A poco, Fatty cesó de mugir. El señor Goon se respaldó en su silla, cautelosamente. A Dios gracias, la vaca no mugía ya. Tal vez había sido todo figuraciones suyas.

—¡Cuac, cuac, cuac!

El señor Goon dio otro fuerte respingo, acompañado de una ávida mirada circular. No cabía duda que aquello era un graznido de pato.

¡«Cuac»! Los ojos del señor Goon descubrieron un ganso silvestre, bellamente disecado, dispuesto al fondo de la tienda en una vitrina de cristal. El policía miró-lo fijamente, conteniendo el aliento.

—¡Cuac, cuac, «cuac»!

El ganso parecía mirarle con sus ojos de cristal, y de su entreabierto pico semejaba escaparse un auténtico graznido. El señor Goon pegó un brinco, y, lleno de horror, exclamó desatinadamente:

—¿Habéis oído ese pato?

—¿Qué pato? —inquirió Larry—. Vamos, señor

Goon. Supongo que no insinúa usted que ese animal disecado está graznando.

—Por favor, señor Goon —coreó Fatty, grave y solemne—. ¡No nos salga con que también oye usted las voces misteriosas!

—¡Cuac!

El graznido parecía proceder de algún rincón a espaldas del señor Goon. Lanzando un asustado grito, el policía salió de la tienda con tal ímpetu, que estuvo a punto de tropezar con la correa de *Buster* y venirse abajo. Entonces los chicos, incapaces de contenerse por más tiempo, soltaron el trapo, derramando lágrimas de risa en sus tazas vacías.

¡Pero, qué cómico, qué gracioso había estado el señor Goon!

Capítulo VI

POR FIN SUCEDE ALGO

—¡Oh, Fatty! —exclamó Daisy, enjugándose los ojos, sin alma ya para nada—. ¿«Cómo te las arreglaste? ¡Qué perfectamente hiciste mugir la vaca al compás de su cabeceo! Te aseguro que, de no haber estado advertida, habría creído a pie juntillas que la figura mugía de verdad.

—Lo mismo digo yo —convino Bets—. ¡Cielos! ¡No prodigues estos trucos muy a menudo, Fatty, porque, si lo haces, no respondo de mí! ¡No podía contenerme la risa! ¡Hay que ver la cara que ponía el señor Goon! ¡Por poco se le salen los ojos de las órbitas!

—¡Qué desconcierto el suyo! —profirió Larry—. ¡Apuesto a que se despertará por la noche y oirá ruidos imaginarios!

Tras pagar la cuenta de su segunda consumición, los cinco amigos salieron del establecimiento. ¡Qué lástima que no tuviesen un buen misterio por indagar! Aquéllas eran las primeras vacaciones que ocurría semejante cosa. ¡Y sólo les quedaban unos breves días libres!

—¿Qué os parece si procurásemos divertirnos un poco a costa de Goon estos últimos días? —propuso Larry—. ¡Esa risa me ha hecho más bien que una docena de días en la cama!

—Y a mí también —convino Pip—. Esta mañana me encontraba bastante decaído. En cambio, ahora estoy perfectamente. Es evidente que lo que todos necesitamos es una buena sesión de risa de cuando en cuando.

—Y Fatty se encarga de proporcionárnosla —elogió Bets, oprimiendo el brazo de su amigo—. Oye, Fatty, ¿por qué no tomamos un poco más el pelo al señor Goon?

—De acuerdo, pero ¿cómo? —interrogó Fatty—. No podemos seguirle por todas partes haciendo ruidos imaginarios. El hombre no tardaría en asociarlos a nosotros. Si cada vez que oye un mugido de vaca o un graznido de pato y demás voces misteriosas, nos ve por las inmediaciones, hasta «él» acabará atando cabos y nos relacionará con todos los ruidos.

—Opino que tienes razón —suspiró Bets, renunciando a sus deseos de perseguir al señor Goon con murmullos y ruidos sospechosos—. ¡Quién sabe! ¡A lo mejor sucede algo imprevisto para sacudirnos el aburrimiento!

Lo raro fue que aquella misma noche ocurrió algo, si bien, al parecer, nada alarmante.

Los muchachos no se enteraron hasta la mañana siguiente.

Larry lo supo por el lechero.

—¿Sabes que han entrado ladrones en los Cedros esta noche? —le dijo el hombre—. Es la casa a dos puertas de la tuya. Es una villa pequeña y la alquiló un hombre llamado Fellows hace una o dos semanas. Vive allí solo.

—¿Qué ha sucedido?

—Pues parece ser que alguien entró en la casa y la registró de arriba abajo —explicó el lechero—. Ignoramos si el señor Fellows estaba en ella o no, porque esta mañana no ha aparecido en su domicilio.

—¿Quién descubrió el hecho? —preguntó Larry, algo excitado ante la idea de que todo aquello había ocurrido tan cerca de su casa, y que podía haber oído un grito, la rotura de una ventana o algo parecido de no haber estado tan profundamente dormido.

—Cuando fui esta mañana a llevar la leche —respondió el lechero— encontré la puerta de la casa abierta y una ventana rota en la parte posterior del edificio. Atisbé por la puerta del vestíbulo y, ¡madre mía, cómo estaba todo de revuelto! Naturalmente, entré y telefoneé a la policía sin pérdida de tiempo.

—¿Y acudió en seguida el señor Goon? —inquirió Larry, desilusionado.

Por un momento había abrigado la esperanza de ser el primero en entrar en la casa con los demás Indagadores, pues era aún temprano y la gente justamente acababa de desayunar.

—Sí —afirmó el lechero—. Allí está ahora, tomando notas, buscando huellas dactilares y demás. El hombre se siente importante esta mañana. Me dijo que cerrara el pico y no contase a nadie mi descubrimiento, pero por entonces yo se lo había contado ya a todos mis clientes. ¿Qué se figura que soy, una almeja?

—¿No vio usted nada sospechoso? —preguntó Larry.

—No. En realidad, no me detuve a curiosear. Me limité a telefonear a la policía inmediatamente. En estos casos, no se debe tocar nada, ¿sabes?

Larry montó en su bicicleta para ir a informar a Fatty. A lo mejor, no era nada importante, pero cabía la posibilidad de que lo fuera. Fatty reflexionaría sobre el caso y decidiría si los pesquisidores debían intervenir o no en el asunto.

Fatty mostróse sumamente interesado.

—Esto me satisface enormemente —declaró—. Es posible que se trate de un simple robo sin importancia, pero lo mejor será que nos acerquemos a echar un vistazo. Si de veras la casa «fue» registrada de arriba abajo, parece evidente que el intruso trataba de encontrar algo de gran importancia para él. ¿Qué buscaba y quién era esa persona?

Los dos muchachos fueron a por Pip y Bets, y luego a por Daisy, y una vez reunidos los cinco, con *Buster*, encamináronse a la casa situada a dos puertas de la de Larry. Al parecer, no había nadie en ella. A buen seguro, el señor Goon habíase marchado ya. Tanto mejor.

—Manos a la obra —ordenó Fatty—. Explorad todos los senderos y macizos de alrededor de la casa. Buscad los indicios habituales: pisadas, colillas y huellas de mano en los antepechos de las ventanas, etc. Tomad notas de lo que encontréis y luego cambiaremos impresiones.

—¿Tú no vienes con nosotros? —interrogó Bets al ver que Fatty se alejaba.

—No, voy a atisbar por las ventanas por si hay algo interesante en el interior.

Pero no pudo ver nada porque las cortinas estaban echadas. Tras contornear la casa, el muchacho comprobó que no había ninguna ventana despejada. Para colmo, la puerta anterior se hallaba cerrada con balda y la trasera con llave.

Por fin, el muchacho se acercó a la ventana trasera con el cristal roto. Era la ventana de la cocina. Saltaba a la vista que el ladrón, o quienquiera que fuese, había entrado por allí. Fatty introdujo la mano dentro para apartar la cortina. ¡La cocina estaba patas arriba! ¡Los cajones del aparador y de la mesa aparecían abiertos y el contenido de las alacenas por el suelo! ¿Qué buscaría el intruso?

De pronto, Fatty percibió un ruido en el interior de la cocina. El chico prestó atención. ¿Qué había sido aquello? A poco, volvió a oírlo, y, entonces, atisbando por la ventana una vez más, descubrió un par de ojos relucientes mirándole desde una alacena.

—¡Miau, miau! —maulló el propietario de los ojos, lastimeramente.

—¡Cáspita! —exclamó Fatty—. Es un gatito. Parece muerto de miedo, sin nadie que le cuide ni dé de comer al pobrecillo.

Los otros aparecieron por el ángulo de la casa, con las libretas en las manos.

—¡Venid acá! —murmuró Fatty, haciéndoles una seña—. ¡Hay un gatito abandonado dentro de la casa! ¿Qué hacemos?

—Saquémoslo de ahí —apresuróse a proponer Daisy.

—¿Cómo? —preguntó Pip—. Todas las puertas y ventanas están herméticamente cerradas, según hemos podido comprobar.

—Ésta está rota —recordóles Fatty—. Si me envuelvo la mano en un pañuelo, creo que podría meterla a través del cristal roto y hacer lo que hizo el ladrón, esto es, abrir la ventana desde dentro. Entonces, entraría a rescatar al gatito.

—En este caso, pon manos a la obra —apremió Larry, echando una mirada circular—. No hay nadie a la vista. Goon tardará aún un poco en volver.

Fatty se sacó del bolsillo un gran pañuelo blanco y, tras envolver sus dedos en él, introdujo cuidadosamente la mano por el agujero del cristal roto e intentó alcanzar el pestillo de la ventana.

—Ya lo tengo —declaró el muchacho, manipulando el rígido abridor.

Una vez logrado su intento, sacó de nuevo la mano. Al presente, no tuvo dificultad en abrir la ventana.

—Ya está —dijo, complacido, encaramándose al antepecho.

Deseoso de acompañarle, *Buster* se puso a ladrar.

—¡Cállate, por Dios! —ordenó Fatty—. ¡No queremos que nadie me sorprenda entrando en la casa!

Todos acallaron a *Buster* mientras Fatty saltaba ágilmente a la cocina. A poco encontró el gatito, agazapado en la alacena. El animal estaba tan asustado que le recibió bufando, pero en cuanto Fatty lo cogió y empezó a acariciarlo, el minino se puso a ronronear acto seguido, loco de contento.

—Voy a ver si encuentro un poco de leche —murmuró Fatty a sus compañeros—. Apuesto a que el pobrecillo tiene hambre.

Dirigiéndose a la despensa, el muchacho se asomó a mirar el interior. Incluso allí reinaba el mayor desorden, y, sobre el suelo embaldosado, veíase una fuente rota. ¡Qué raro que el intruso hubiese registrado incluso la despensa! ¿Qué habría estado buscando?

—Aquí tienes, michino —susurró Fatty, ofreciendo un platito de leche al chiquitín.

El gato la lamió ávidamente y, al terminársela, se restregó en las piernas de Fatty, ronroneando. El chico se inclinó a cogerlo, pero el animalito, escabulléndose, echó a correr por la puerta que daba al vestíbulo.

—¡Miz, miz! —llamó Fatty—. Vuelve acá.

—¿Qué ocurre? —inquirió Pip desde el exterior de la ventana—. Daisy dice que si sacas de ahí al gatito, se lo llevará a su casa, aprovechando que vive cerca.

Ellos también tienen uno, y éste puede estar con él hasta que vuelva alguien por aquí.

—De acuerdo —convino Fatty—. Pero primero tengo que encontrarlo. Se ha escapado al vestíbulo por la puerta de la cocina. Aguardad un momento. Voy a buscarlo. Puedo oírlo desde aquí.

El chico pasó al vestíbulo. Al punto, se detuvo, sorprendido ante el espectáculo. Chaquetas, zapatos, paraguas, aparecieron en el suelo, en desorden, tras haber sido sacados de la alacena del recibidor y de los cajones de una cómoda.

El gatito no se veía por ninguna parte. Fatty fue de habitación en habitación, pero por lo visto el animalito se había escondido, ya fuera por miedo, ya para jugar con su perseguidor.

Fatty aprovechó la oportunidad para echar una buena ojeada a la villa. Había tres habitaciones en la planta baja y tres arriba, además de un cuarto de baño. Todas ellas estaban patas arriba. A juzgar por el hollín que cubría las chimeneas, Fatty dedujo que el infractor había incluso palpado dentro de los respectivos cañones de chimenea en busca del codiciado objeto de su búsqueda.

Luego, al salir de un dormitorio, Fatty vio algo en un rincón del pequeño pasillo, cerca del rellano de la escalera. Era un objeto de color rojo intenso.

«Es un guante de niño —se dijo el muchacho, recogiéndolo—. Un guante muy chiquito para un niño muy pequeñín. Pero, seguramente, aquí no hay ningún niño. Además, sólo he encontrado un guante. ¿No será que el señor Fellows tenía un niño escondido aquí, tal vez secuestrado, y el otro individuo vino a por él?»

Pero, meneando la cabeza, Fatty rechazó esta idea.

«No, nadie buscaría a un niño por pequeño que fuera, en las chimeneas ni en los cajones. Me pregunto si habrá más prendas infantiles en esta casa. No tiene aspecto de estar habitada por ningún niño, porque no se ve ni un solo juguete, libro, ni muñeco, y, por otra parte, no hay ninguna cuna.»

Tampoco se veía ninguna prenda infantil entre el revoltijo del suelo, compuesto de toda clase de prendas masculinas: americanas, pantalones, chalecos, zapatos, sombreros, amén de un perchero para pantalones abierto y derribado, libros, cojines, papeles, mantas, sábanas, fundas de almohada...

—Bien —murmuró Fatty deslizándose el guantecito encarnado en el bolsillo—. Lo guardaré por si acaso, aunque no creo que me sirva para nada. ¡Qué raro que sólo haya «uno» del par! ¿No será que había un niño aquí anoche? A lo mejor lo vistieron con precipitación, y el chico dejó caer un guante. Pero, no lo creo.

Súbitamente llegó a sus oídos un fuerte cuchicheo.

—¡De prisa, Fatty! ¡Goon vuelve hacia acá! ¡Ahora está remontando la calle! ¡Vamos, Fatty, «date prisa»!

Capítulo VII

EL SEÑOR GOON SE QUEDA PASMADO

Antes de darle tiempo a bajar, oyó la airada voz del señor Goon, profiriendo:

—¡Eh, chicos! ¿Qué hacéis aquí? ¡Largaos!

Luego percibió los ladridos de *Buster*. Fatty sonrió para sí. ¡Cuántas y cuántas veces se había repetido aquella misma escena, con los investigadores escudriñando, Goon sorprendiéndolos y alejándolos, y *Buster* expresando bulliciosamente su oposición! En realidad, *Buster* no sólo sabía guardarse, sino guardar también a todos sus amigos.

Fatty consideró la posibilidad de escapar por la puerta anterior, pues la voz del señor Goon procedía de la parte posterior del edificio.

—¡Entorpeciendo la acción de la Ley! —vociferaba el enojado policía—. ¡Metiéndoos donde no os llaman! ¿Qué os importa a vosotros todo esto? ¡Fuera de aquí en seguida!

—Verá usted —explicó Larry—. Vivimos dos puertas más allá. Es natural que nos interese a Daisy y a mí. Puesto que hay ladrones por la comarca, quiero saber a qué atenerme por si acaso vienen a nuestra casa.

—¡Bah! —espetó Goon con incredulidad—. ¡Pamplinas! ¡Excusas para meter las narices! Este caso es muy trivial. No hay misterio que valga. De modo que no merece la pena que perdáis el tiempo con él. ¡Andando! ¡Llevaos a ese perro antes de que me saque de mis casillas! ¡Vaya con el fastidioso bicharraco de mala casta!

Fatty hubiera dado cualquier cosa por hallarse entre sus compañeros. ¡Llamar a *Buster* bicharraco «de mala casta», siendo así que el pequeño terrier tenía un árbol genealógico que se perdía en la lobreguez de los tiempos y todos sus antepasados habían sido ejemplares de pura raza! Fatty estaba rojo de ira. No obstante, se encaminó de puntillas a la puerta anterior para evitar que el señor Goon le sorprendiese dentro de la casa, aunque tenía una buena excusa para aducir: el rescate del gatito.

—¿Dónde está el gordinflón? —inquirió el señor Goon advirtiendo de pronto la ausencia de Fatty—. Supongo que sigue aún en cama con la gripe. Es el mejor sitio para él. ¡Confío en que tenga una recaída! «¿Queréis» llamar a este perro de una vez?

—Ven acá, *Buster* —ordenó Larry—. Si quieres, te buscaré unos tobillos mejores que esos para morder.

El señor Goon resopló, según su costumbre.

—Salid todos de este jardín —rugió el policía—. Si vuelvo a encontraros merodeando por aquí os denunciaré. ¡Sí, señor! ¡Y además, iré a informar a vuestros padres de esta nueva travesura, especialmente a los tuyos, Philip Hilton!

Pip se apresuró a abandonar el jardín de la casita, llevándose consigo a Bets. No le hacía ni pizca de gracia que el señor Goon presentase más quejas a sus padres, pues éstos tenían la mala costumbre de tomarse en serio al policía. Larry y Daisy imitaron su ejemplo, en tanto Larry sujetaba a *Buster* por el collar. Los cuatro aguardaron en la calle, junto al portillo, inquietos por la suerte de Fatty.

Éste fue muy desafortunado. ¡Con deciros que abrió la puerta anterior desde dentro en el preciso momento en que el señor Goon la abría desde fuera! Al verle, el policía se quedó como fulminado por un rayo boquiabierto de asombro y rojo de indignación. Por fin logró tragar saliva, momento que Fatty aprovechó para decirle afablemente:

—Buenos días, señor Goon. Pase usted. Yo me encargaré de cerrar la puerta.

El policía entró en la casa, mudo aún de sorpresa. De pronto, recobrando el habla, espetó:

—¿Qué haces «aquí» en una casa intervenida por la policía? ¿Estás haciendo oposiciones para ir a la cárcel, acusado de entrar en casa ajena sabe Dios con qué fines?

Fatty retrocedió para ponerse a buen recaudo de los alarmantes bramidos del señor Goon.

—Verá usted —disculpóse cortésmente—. Oí mayar a un gatito aquí dentro, y como soy socio de la R.S.P.C.A. (1) forzosamente tenía que entrar en la casa para buscarlo.

—¡Bah! —repuso el señor Goon con incredulidad—. Esta casa está absolutamente vacía, según he comprobado hace un rato, recorriéndola de arriba abajo.

—Se equivoca usted —insistió Fatty—. ¡Silencio! ¿Oye usted eso, señor Goon? ¡El gatito está mayando otra vez!

(1) Equivalente a nuestra Liga para la Protección de Animales y Plantas. *(N. del T.)*

—¡Miau! —maullaba el minino.

Y, dando pruebas de un gran sentido de la oportunidad, el animalito salió de debajo del paragüero y se restregó cariñosamente en las piernas de Fatty. En cambio, al ver al señor Goon, se erizó y le bufó.

—Conste que te has portado como un minino inteligente —le dijo Fatty, satisfecho—. Supongo que ahora dará usted crédito a la historia del gatito, señor Goon.

El policía no tuvo más remedio que asentir.

—Llévatelo y lárgate tú también —ordenó a Fatty—. Tengo mucho que hacer aquí. Y no te metas en «esto», ¿oyes?

—Cuidado con el perro, señor Goon —advirtió Fatty—. No sé exactamente por dónde anda, pero es posible que lo oiga usted gruñir y lo descubra usted por sí mismo.

—Aquí no hay ningún perro —replicó el policía, adelantándose hacia el interior de la casa—. Es posible que se me pasara por alto un pequeño gatito, pero no un perro. ¿Por quién me tomas, chico?

—Ojalá no le hubiera dicho a usted nada —dijo Fatty.

En aquel momento el muchacho se hallaba detrás del policía y afortunadamente éste no pudo ver la inocente expresión de su rostro, una expresión que todos los profesores del colegio conocían perfectamente.

De pronto, procedente de algún rincón de la casa, llegó un espantable gruñido. El señor Goon se detuvo en seco.

—¿Qué es eso? —preguntó.

—Parece un perro —respondió Fatty—. ¡Qué horrible animal debe ser! Creo que voy a marcharme, señor Goon. Ya se apañará usted con él.

Casi sin transición se oyó otro gruñido, y el policía

retrocedió bruscamente dos pasos, dando el gran pisotón a Fatty.

—¡Hum! —gimió el muchacho—. ¡Mire usted dónde pone los pies, señor Goon! Bien, adiós, ahí le dejo.

—No te vayas —instó el señor Goon, cambiando súbitamente de parecer—. Ayúdame a encontrar a ese perro. A lo mejor necesito ayuda para sacarlo de aquí. Es raro que no lo haya visto ni oído esta mañana durante mi primera visita aquí.

Fatty sonrió tras las anchas espaldas del señor Goon, tentado de emitir otra voz irracional. ¡Qué «útil» resultaba la ventriloquia!

—De acuerdo, señor Goon —accedió—. Si considera usted que es mi deber quedarme aquí a ayudarle, me quedaré. Yo siempre estoy a punto cuando se trata de exigencias del deber.

El señor Goon experimentó un gran alivio al oírle. Sin comentarios, el hombre se dirigió de puntillas al pequeño comedor. Fatty seguíale a pocos pasos y, de pronto, el chico pegó un grito que por poco tira de espaldas al pobre Goon.

—¡Mire, mire usted qué hay allí! ¡«Cuidado»!

Y el señor Goon, ávido de seguir el consejo de su compañero, estuvo a punto de derribarlo por tierra en su ansia por precipitarse fuera de la habitación.

—¡No es nada, no es nada! —le gritó Fatty, agarrándole a su paso—. Le vi a usted reflejado en aquel espejo y pensé que era alguien acechándonos. ¡Demontre! ¡Qué susto! ¡A Dios gracias ha sido sólo una falsa alarma!

El señor Goon se mostró muy enojado y, al propio tiempo, sumamente aliviado.

—Si vuelves a... —empezó, mirando a Fatty con expresión incendiaria.

Pero, de repente, se interrumpió. De algún lugar a

sus espaldas surgió el rumor de un fuerte gruñido. El señor Goon giró al punto sobre sus talones.

—¿Has oído eso? —preguntó a Fatty sin resuello—. ¿Qué ha sido ese gruñido? Procedía del vestíbulo.

—En efecto —asintió Fatty, agarrándose al brazo del señor Goon—. Pase usted delante, señor Goon. Yo tengo miedo.

Otro tanto le ocurría al señor Goon. No obstante, se aventuró de puntillas por el pasillo y por poco tropieza con el gatito, que acababa de salir a su encuentro como un dardo, no bien lo vio aparecer. Entonces, el hombre retrocedió de nuevo al comedor, atropellando a Fatty a su paso. El gruñido volvió a sonar, esta vez mucho más lejano.

—¡Es un cerdo! —concluyó el señor Goon, sin dar crédito a sus oídos—. Ahora ha sonado arriba. ¿Crees que fue un cerdo, amigo Frederick?

Cuanto más asustado y desconcertado se sentía, tanto más cortés se mostraba con el chico el señor Goon.

«¡A este paso —pensó Fatty—, no tardará en hacerme reverencias majestuosas cada vez que me dirija la palabra!»

Tenía unas ganas enormes de reír, pero reprimía firmemente la sonora carcajada que pugnaba por salir de su garganta.

—¿Qué clase de individuo era el hombre que vivía aquí, señor Goon? —inquirió Fatty con aire inocente—. ¿Le gustaban los animales? Al parecer, tenía gatos, perros y hasta cerdos.

—Lo raro es que cuando estuve aquí esta mañana no vi ningún cerdo en la casa —declaró el policía, pasmado—. Lo revolví todo en busca de indicios, y, sin embargo, no vi rastro de perros ni de cerdos. ¿Quieres que subamos al piso a buscar al cerdo?

—Sí —accedió Fatty—. Pero tenga usted cuidado. No sea que el perro se abalance sobre usted. Pase usted delante, señor Goon.

Pero, sin valor para abrir la marcha, el hombre empujó a Fatty ante sí. Inmediatamente se arrepintió de haberlo hecho porque, a sus espaldas, sonó de nuevo un grave y feroz gruñido. Fatty aprovechaba, alborozado, aquella magnífica oportunidad de ejercitar su nueva habilidad.

Pronto, otro ruido inusitado contribuyó a aumentar la turbación del pobre señor Goon. Una voz lastimera procedente de otro punto de la casa gimió:

—¡Yo no he sido! ¡Aaaah! ¡Yo no he sido! ¿Dónde está mi tía?

Goon escuchó, petrificado, como aquel que es víctima de una pesadilla.

—¡Hay un hombre en esta casa! —cuchicheó a Fatty—. ¡Eso colma ya la medida! Lo mejor será que solicitemos ayuda. No pienso aventurarme por aquí entre perros, cerdos y un hombre gimiendo. ¿Qué habrá pasado en esta casa desde que me marché esta mañana?

—Usted, quédese aquí mientras yo voy a por refuerzos—propuso Fatty, haciendo ademán de alejarse por el pasillo.

Pero el policía le detuvo con estas palabras:

—No, no me dejes aquí solo. ¿No puedes «aguardar» hasta que reciba ayuda?

—Recuerde, señor Goon —repuso Fatty solemnemente—, que su deber es quedarse aquí a aclarar todo este misterio. En cambio, «a mí» la cosa no me concierne en absoluto. Voy a buscar ayuda. ¡Adiós!

Pero Goon le agarró fuertemente para impedir su marcha precipitada.

—¡Yo no he sido! —repitió la voz misteriosa—. ¡Aaaah! ¡Yo no he sido! ¿Dónde está mi tía?

—¿A qué viene que pregunte por su tía? —cuchicheó Goon, echándose a temblar—. ¡De prisa, vámonos! ¡Esta casa está embrujada!

—Oiga usted, señor Goon, ¿por qué no telefonea solicitando ayuda? —propuso Fatty, advirtiendo de pronto la presencia de un teléfono en el vestíbulo—. En un periquete recibiría usted refuerzos.

El señor Goon experimentó tan gran alivio ante esta brillante idea de Fatty, que casi le abrazó. Y acercándose al teléfono con torpes ademanes, marcó un número.

Fatty le oyó hablar con otro agente. El muchacho dirigióse de puntillas hacia la puerta anterior, sonriendo al oír la desesperada voz del policía.

—Mándeme usted a alguien inmediatamente —farfullaba el hombre—. Hay un perro muy fiero en esta casa y también un cerdo. Sí, he dicho un cerdo, «c-e-r-d-o». Sí, «cerdo», so atontado. Y, además, un hombre que pregunta por su tía. ¡«Tía»! ¡Sí, he dicho tía! ¿Qué le pasa, Kenton? ¿Está sordo? ¿Y cómo quiere usted que «yo» sepa por qué pregunta por su tía? No, no estoy loco, pero no tardaré en estarlo si no manda usted en seguida a alguien a estas señas. Sí, necesito ayuda. Sí, «hay» un perro aquí, y un cerdo, y una tía, mejor dicho, un hombre que pregunta por ella. ¡Ah, y se me olvidaba! Además, hay un gatito.

Sobrevino una pausa mientras Goon escuchaba unas observaciones de su comunicante. Luego, nuestro hombre volvió a la carga.

—Si me sale usted con otra impertinencia, Kenton, daré parte a la superioridad. No, señor, «no» le estoy gastando ninguna broma. Venga usted acá inmediatamente. «Inmediatamente», ¿me oye?

Después de escuchar todo esto, Fatty sintió la necesidad de ir a reírse a algún sitio seguro. Siempre de puntillas, se encaminó a la parte posterior de la casa donde había un cobertizo en cuyo interior podría reír en paz. Al pasar ante la ventana del cristal roto, abierto de par en par, se acercó a proferir un terrible gruñido que resonó en toda la casa.

El señor Goon lo oyó perfectamente. Buscó a Fatty con la mirada, pero éste había desaparecido. Se hallaba, pues, solo en el lugar, rodeado de una porción de cosas raras y espeluznantes. Era demasiado para él. Así, pues, salió de la villa como alma que lleva el diablo, y ya no cesó de correr hasta llegar al final de la calle.

Fatty le oyó partir. Después se echó a reír. ¡Pero cómo se rió! ¡Como nunca se había reído en la vida!

Capítulo VIII

LA RISA ES UN BUEN REMEDIO CONTRA LA GRIPE

Las carcajadas de Fatty llegaron a oídos de los demás a través del jardín vecino. Estaban todos recogidos en casa de Larry y aguardaban a su amigo en el jardín trasero. Al oír las risotadas, *Buster* enderezó las orejas, ladrando alborozadamente. Al igual que los muchachos, gozaba oyendo la sonora risa de su amo.

Tras encaramarse a la tapia, Larry dio un fuerte silbido. Fatty reconoció la señal, utilizada a menudo por los Indagadores, y al ver a Larry en lo alto del muro, le gritó:

—¡Aguardadme! ¡Ya voy!

Pronto se reunió con los demás en el jardín de Larry. Los cinco se metieron en una pequeña dependencia situada al fondo del jardín.

—¿Qué ha ocurrido? —preguntó Daisy—. ¿Por qué salió Goon de la casa corriendo a galope tendido? ¡Le hemos visto pasar ante el portillo como una verdadera exhalación!

Fatty prorrumpió de nuevo en risas sin poderlo remediar, contagiando a los demás de su irresistible hilaridad. Pip le dio una palmada y *Buster* se abalanzó sobre él presa de gran excitación. ¿Por qué estaba tan contento su amo?

—Vamos —instó Pip—, cuéntanos lo sucedido.

Fatty no se hizo rogar más. A los pocos instantes todos sus amigos se reían a mandíbula batiente, sentados en el suelo de la dependencia y sujetándose los costados para no reventar de risa ante la idea del asombro del señor Goon al oír los gruñidos del cerdo y del perro y los gemidos del hombre invisible.

—¡Eso de la tía fue genial! —barbotó Larry, oprimiéndose los doloridos costados—. ¿Cómo se te ocurrió? ¡Vive Dios! ¡Sólo un estúpido como el señor Goon era capaz de tragárselo! ¿Qué «pensará» el inspector Jenks cuando Goon presente un informe plagado de cerdos, perros y hombres que preguntan por su tía?

Eso renovó la hilaridad general, pero Fatty no tardó en adoptar un aire más formal y, frotándose la nariz murmuró, pensativo:

—No se me había ocurrido lo del informe. ¡Claro! ¡Es lógico que lo redacte! ¡Cáspita! Apuesto a que el inspector jefe sospechará que hay gato encerrado, particularmente si se entera de que yo estaba con Goon al suceder todo esto.

—A lo mejor no te nombra en el informe —tranquilizóle Daisy—. Por poco que pueda, te excluirá del asunto. Ya sabes que detesta reconocer que tú siempre trabajas en el mismo caso que él.

—Telefoneó solicitando ayuda —recordó Fatty—. Vamos a ver si ha conseguido que se la manden y si ha vuelto a la casa con refuerzos.

En el preciso momento que llegaron al portillo anterior y se asomaron a mirar, en tanto *Buster* se esforzaba en colarse entre sus pies, apareció en el extremo de la calle el señor Goon acompañado del agente Kenton. Éste se había llevado una sorpresa al tropezar de manos a boca con su compañero en la esquina de la calle.

—Precisamente venía a su encuentro —apresuróse a explicar el señor Goon—. Me dije que a lo mejor no sabía usted dónde estaba la casa en cuestión. Vamos, en marcha.

Al ver a los cinco chicos asomados al portillo, el hombre les frunció el ceño, en especial a Fatty, por haberle abandonado. ¡Diablo de chico! No obstante, juzgó preferible no dirigirles la palabra para evitar que Fatty se riese a costa suya. Fatty era la persona más ducha en el arte de soltar una grosería con buenos modales que Goon había conocido en su vida.

—Apuesto a que el amigo de Goon se sorprenderá al no ver ningún gato, perro, cerdo ni hombre en la casa —murmuró Fatty, que se había llevado consigo el gatito para entregárselo a Daisy, al ver que el animal saltaba oportunamente de la ventana mientras él se hallaba riendo en la parte trasera de la casa violentada. Al presente, el gatito estaba jugando amigablemente con el gato de Daisy.

El agente Kenton se mostró, en verdad, asombrado de no encontrar en la casa ninguno de los indicios de que le había hablado Goon.

—¡Ni siquiera a la tía! —lamentóse—. ¡Tanta ilusión que me hacía verla! ¿Está usted seguro de que no vio visiones, señor Goon?

—No «vi» nada, excepto el gatito —mascullló el pobre señor Goon, pasmado de no oír ningún gruñido ni gemido y de no encontrar, por ninguna parte a los posibles autores de los mismos—. Le repito que sólo oí voces.

—¿Adónde habrá ido la tía? —preguntó el agente Kenton maliciosamente.

—No insista en lo de la tía —instó el señor Goon, exasperado—. Quienquiera que fuese esa señora, no estaba en la casa. El hombre preguntaba por ella, eso es todo. Ya se lo he dicho y repetido a usted mil veces.

El agente Kenton se sentía inclinado a bromear sobre el asunto, y esta actitud irritó tanto al señor Goon que empezó a exagerar la cosa.

—Si hubiese estado usted aquí y hubiese oído gruñir a un perro dispuesto a echársele encima, y a un cerdo alborotando en el piso de arriba, y a un individuo gimiendo a voz en grito y arrastrándose por el suelo, le aseguro que no estaría usted de humor para bromas.

—Bien, parece ser que el gatito, el cerdo, el perro y el hombre tomaron las de Villadiego en cuanto usted abandonó la casa —masculló el agente Kenton en tono severo—. Debiera usted haberme aguardado aquí. Ahora han desaparecido todos los animales y el hombre en cuestión. Tendrá usted que averiguar su paradero por la vecindad y averiguar si alguien los vio salir juntos.

El señor Goon palideció ligeramente. Estaba seguro de que la gente no le tomaría muy en serio si iba formulando una pregunta como aquélla. En consecuencia, cambió de tema y, al poco rato, ambos policías cerraron la ventana abierta y salieron por la puerta anterior. Los muchachos oyeron el portazo e inmediatamente vieron aparecer a los dos hombres.

Ambos pasaron a la otra acera por iniciativa del señor Goon, deseoso de evitar que los chicos, especialmente Fatty, le dirigieran preguntas comprometedoras. Por fin ambos policías se perdieron de vista.

—¡Qué mañana más estupenda! —suspiró Pip—. Me he olvidado de la gripe. No comprendo por qué los médicos no recomiendan este remedio cotra la gripe. No hay modo de sentirse enfermo con mañanitas como ésta. Jamás me había reído tanto. ¿Qué hacemos ahora, Fatty?

—¿Tenéis algo que comunicarme? —inquirió Fatty—. Como recordaréis, os encargué que exploraseis los alrededores de la casa en busca de algún indicio. ¿Habéis tomado nota?

—Unas pocas —respondió Larry—. Las hemos reunido todas en este breve informe. Lo redacté mientras te aguardábamos.

—Buena faena —aprobó Fatty—. Vamos a ver.

Larry procedió a leer sus notas en voz alta.

—Reconocimos cuidadosamente los alrededores de la casa y descubrimos el lugar por donde entró el ladrón en la finca. No lo hizo por el portillo anterior, sino por la tapia situada al fondo del jardín.

—¿Cómo lo sabéis?

—Porque allí hay un parterre y en él figuran profundas huellas de pisadas —explicó Larry—. Sólo una persona saltando una tapia pudo haberlas hecho.

—Entendido —murmuró Fatty—. Adelante.

—Encontramos las mismas huellas junto a un arbusto —prosiguió Larry—. Sin duda, el hombre permaneció allí escondido porque hay muchas pisadas confundidas y superpuestas, como si su autor hubiese estado allí un rato, atisbando de cuando en cuando.

—¿Dibujasteis las huellas? —inquirió Fatty.

—Naturalmente —intervino Pip, sacándose un papel del bolsillo—. Pero no creo que la cosa resulte de gran utilidad. Suponemos que el hombre llevaba botas altas del número cuarenta y dos. Sea como fuere, las marcas son iguales que las producidas por nuestras botas, sólo que las nuestras son más pequeñas.

—De acuerdo. Continúa, Larry.

—Encontramos esta colilla —prosiguió el muchacho, pasándole un húmedo cigarrillo casi consumido—. Sin embargo, esto no nos saca de ninguna duda. Es la única que pudimos hallar debajo de unas hojas. Supongo que Goon encontró otras varias. Por todas partes vimos las enormes huellas de «sus» pisadas. Pero las distinguimos fácilmente de los demás.

—¡Es una suerte que Goon tenga los pies tan colosales! —exclamó Fatty—. ¡Gracias a eso reconocemos siempre sus huellas! ¿Alguna otra cosa?

—Sí —afirmó Larry, tomando de nuevo sus notas para proseguir la lectura—. Observamos la presencia de esas huellas en el trecho comprendido entre el arbusto y la parte posterior de la casa. Como es de suponer, no pudimos verlas sobre el césped, pero las localizamos en otro parterre y también en un sendero de grava muy mojado que discurre detrás de la casa. Las hay, asimismo, en abundancia, al pie de la ventana rota, aunque muy confusas. A buen seguro el hombre saltó por la tapia, se escondió tras el arbusto, y cuando lo juzgó conveniente, se deslizó por el jardín hasta la casa y rompió el cristal de la ventana. Debajo de ésta hay medio ladrillo. Suponemos que lo utilizó para la rotura del cristal.

—Probablemente —asintió Fatty—. Según eso, cabe la posibilidad de que alguien oyera el estrépito. Ya lo averiguaremos. ¿Algo más?

—Sí —contestó Larry—. Hay otras huellas diferentes que parten de la puerta anterior y siguen por los parterres dispuestos frente a la casa y por un trocito del sendero enarenado que conduce al portillo posterior. Luego desaparecen. No van directas desde la puerta anterior hasta el portillo anterior. En tal caso, seguramente no las habríamos visto, porque ahora hay infinidad de huellas diversas en aquel trecho.

—Comprendo —murmuró Fatty, pensativo—. De modo que suponéis que alguna otra persona, probablemente el señor Fellows, salió corriendo por la puerta anterior y, en lugar de dirigirse al portillo anterior, lo hizo al posterior, a través de los parterres, y desapareció por allí.

—Ni más ni menos —suspiró Larry, cerrando la libreta—. Eso es todo cuanto figura en nuestras notas.

—Pues resulta muy interesante —elogió Fatty—. Apuesto a que habéis aprovechado más el tiempo que el viejo Goon. Ahora dejadme pensar un rato e intentaré reconstruir exactamente lo sucedido anoche.

Capítulo IX

¿MISTERIO A LA VISTA?

—A ver si guardamos todos silencio mientras trabaja el gran cerebro de nuestro jefe —instó Larry—. ¡Cállate, *Buster*! ¡Mucho silencio!

Fatty no tardó en poner en orden sus ideas y en exponerlas a sus amigos.

—En mi opinión, las cosas sucedieron así —declaró—. Alguien deseaba arrebatarle algo al señor Fellows. Ignoramos qué. Fuera lo que fuese, el caso es que por algún motivo el hombre tuvo que introducirse subrepticiamente en la casa, tal vez por estar convencido de que Fellows no le permitiría entrar si llamaba a la puerta principal. De lo cual se deduce que el sujeto en cuestión quería algo que Fellows se negaba a darle.

—Sí, todo esto resulta muy verosímil —convino Pip—. ¿Pero por qué Fellows huyó de la casa como alma que lleva el diablo?

—Aguarda un momento —repuso Fatty—. No te precipites. El hombre se ocultó en espera de una oportunidad de penetrar en la villa. Probablemente quiso dar tiempo a que Fellows se acostara para sorprenderle, acaso revólver en mano, y apoderarse de lo que quería. Así, pues, entró en la casa en el momento que juzgó oportuno, sin peligro.

—Jamás se me habría ocurrido todo esto —comentó Bets admirada—. ¡Lo cuentas como si fuera una novela de aventuras!

—Como iba diciendo —prosiguió Fatty—, el hombre entró en la villa, pero, contra lo que esperaba, no pilló a Fellows desprevenido. Es posible que éste oyese la rotura del cristal y sospechara lo que se le venía encima. Sea como fuere, al oír que alguien entraba por la ventana trasera, ¿qué hizo? Salir precipitadamente por la puerta anterior, dejarla abierta de par en par, y perderse en la oscuridad de la noche...

—No estaba tan oscura como eso —exclamó Daisy—. Anoche había Luna. Sus rayos inundaban mi habitación.

—Tienes razón —rectificó Fatty—. Ahora recuerdo que la mía también estaba iluminada por la luz de la Luna. ¡Muy bien, Daisy! ¡Tu observación ha sido acertadísima! Bien, prosigamos. Fellows huyó en la clara noche, a buen seguro llevándose consigo el objeto que buscaba el otro individuo. Éste se encontró, pues, con que el pájaro había volado, pero como no sabía a ciencia cierta si Fellows se había llevado el objeto apetecido, procedió a revolver toda la casa para buscarlo. Y, a juzgar por lo que vi, no dejó ni un solo rincón, cajón ni armario por registrar.

—No sé cómo te las arreglas para llegar a estas conclusiones —exclamó Bets—. Nunca he conocido a nadie capaz de atar cabos tan de prisa como tú.

—Fatty es un «as» —elogió Larry—. Siempre supera a Goon y a todo el mundo por su gran intuición.

—Gracias, Larry —agradeció Fatty, satisfecho—.

Todos los buenos detectives deben tener intuición. Bien, ahora lo que falta es «qué» clase de objeto era el que se llevó Fellows. A buen seguro, no se trataba de nada excesivamente voluminoso o pesado, porque, en tal caso, el hombre no habría podido ir muy lejos con ello y, por otra parte, se exponía a que alguien le viera y le detuviera para averiguar qué llevaba en el paquete o saco sospechoso.

—Claro está —convino Daisy—. ¡Caramba, Fatty! ¡Si sigues reconstruyendo los hechos a esta marcha, no me sorprendería que nos dijeses qué era lo que llevaba el hombre encima!

—¡Ojalá pudiera adivinarlo! —suspiró Fatty—. No obstante, creo que he encontrado algo que podrá ayudarnos, aunque no sé cómo.

Y al tiempo que así se expresaba, se sacó del bolsillo el guantecito encarnado. Todos lo contemplaron asombrados.

Buster lo olfateó insistentemente.

—Parece de muñeco o de bebé —observó Daisy—. «¿Podría» haber sido de un bebé?

—He considerado la posibilidad de que Fellows hubiese secuestrado a un bebé o a un niño muy pequeño —manifestó Fatty—. Pero he llegado a la conclusión de que no fue así. No había nada en la casa que indicase la presencia de un niño. ¡Sólo este guante!

Larry lo tomó para examinarlo.

—Está muy limpio —masculló—. No creo que le sirviera a ningún niño mayor de dos años. ¿Dónde está tu muñeca grande, Daisy, aquella que tenías a los tres años y que entonces era tan alta como tú?

—Guardada en algún armario —respondió Daisy—. Voy a buscarla. Esperad un momento.

Mientras la muchacha se alejaba, Fatty dijo a Pip:

—Me enseñaste el dibujo de las huellas del ladrón.

Pero, ¿y las de Fellows? Si mal no recuerdo, las localizasteis en los parterres del jardín anterior y en el sendero que conduce al portillo posterior. ¿Las reprodujiste?

—¡Naturalmente! —afirmó Pip, palpándose el bolsillo—. Sólo que me olvidé de mostrártelas.

Y sacando otro papel doblado del bolsillo, agregó, en tanto lo desdoblaba cuidadosamente:

—Éstas son unas huellas muy raras, Fatty, más pequeñas que las otras y algo más planas y borrosas.

Fatty las examinó en silencio.

—Opino que Fellows huyó en zapatillas —dijo al fin—. Esta huella no es de zapatos ni de botas, con tacones de suela o de goma, sino de unas zapatillas planas. A lo mejor, el hombre salió con el pijama, el batín y la zapatillas puestas. Si estaba acostado o se disponía a hacerlo, lo más seguro es que huyera con esa indumentaria.

—Sí, tienes razón —aprobó Pip—. No cabe duda de que esta huella «corresponde» a la suela de unas zapatillas planas. Oye, Larry, ve a buscar las tuyas. Son planas, ¿verdad? Si las traes, comprobaremos qué clase de huellas producen. Hay un rincón muy lodoso junto a la tapia.

Larry fue por sus zapatillas y volvió con Daisy, que traía también su muñeca. Ésta era muy grande y muy hermosa. Fatty le probó el guante.

—En efecto —dijo el muchacho—. El niño a quien pertenecía este guante no era mucho más grande que tu muñeca, Daisy. Pero lo que no comprendo es por qué lo dejó caer el hombre, a menos que llevase un niño en brazos que le estorbara.

Y guardándose de nuevo el guante en el bolsillo, observó a Larry en su cometido de quitarse las botas y ponerse unas zapatillas encarnadas.

Todos le siguieron al lugar lodoso junto a la tapia.

—Corre por ahí —ordenó Fatty.

Larry corrió en ambas direcciones.

En aquel preciso momento, su madre se asomó a la ventana. Excuso decir la sorpresa de la dama al ver correr a Larry de un lado a otro del rincón más lodoso del jardín con las zapatillas puestas. Éstas eran de un color rojo tan subido que resultaba imposible no verlas, incluso a distancia.

La señora golpeó los cristales de la ventana y, por último se decidió a abrirla para gritar a su hijo:

—¡Larry! ¿Qué estás haciendo? ¡Sal de ahí inmediatamente!

—¡Toma! —farfulló Daisy—. ¿Cómo no se nos habrá ocurido que mamá nos vería desde la ventana...? Está bien, mamá. Sólo hacíamos una prueba.

—Pues desistid ahora mismo —replicó la dama—. Y haced el favor de decir a vuestros amigos que ya es la una. Estoy segura de que Pip y Bets deberían estar en su casa ya.

Y, cerrando la ventana, la señora desapareció. Fatty examinó rápida pero cuidadosamente las planas huellas producidas por las zapatillas de Larry.

—Sí, se parecen mucho a las de Fellows —concluyó comparándolas con las del dibujo de Pip—. ¿Tú qué opinas, Pip? ¿Son «iguales»? Supongo que, al dibujarlas, te fijaste mucho en ellas.

—Sí, exactamente iguales —asintió Pip—. Vamos, Bets. Es cuestión de ir a casa «volando». ¿Cuándo volveremos a reunirnos, Fatty? ¿Os parece bien que lo hagamos en nuestra casa?

—De acuerdo —accedió Fatty, doblando el papel y metiéndoselo en el bolsillo—. Nos reuniremos esta tarde a las tres y media, a no ser que alguno tenga que descansar un poco después de comer, debido a lo que el doctor llama «la siesta de la convalecencia». ¡Hemos trabajado mucho esta mañana y, además, nos hemos divertido de lo lindo!

Larry y Daisy entraron en su casa con la muñeca y las zapatillas encarnadas. Pip y Bets se apresuraron a regresar a la suya. Fatty echó a andar con más calma, sin cesar de cavilar por el camino. Aquel vulgar suceso tenía más alcance de lo que parecía a simple vista. Mucho más alcance, se dijo el muchacho. No era un robo corriente. Es más, Fatty dudaba incluso de que el «ladrón» se hubiese llevado nada.

«Apuesto a que el señor Fellows huyó con lo que el hombre buscaba —pensó el chico—. ¿Dónde estará ahora? ¿Dónde habrá metido lo que deseaba esconder? ¿Volverá a su casa?»

Gracias a que la señora Trotteville había salido a almorzar fuera de casa, Fatty pudo saborear una copiosa y suculenta comida instalado él solito ante la chimenea. Durante todo el almuerzo reflexionó sobre el nuevo problema. De momento, no era propiamente un «misterio», pero resultaba, en verdad, muy interesante. Al entrar en la estancia a recoger los platos, Jane, la doncella, se mostró sorprendida al ver lo mucho que había comido su señorito.

—¡Cáspita! —exclamó Fatty, contemplando con asombro la sopera y las fuentes vacías—. ¡Pues es verdad! ¡He dejado el plato limpio! He estado cavilando y, cuando cavilo, necesito comer mucho, Jane. ¿Qué hay de postre? ¿Dulces de hojaldre? ¡Magnífico! ¿Cuántos me tocan? ¡Recuerde que para pensar hay que zampar mucho!

Jane se echó a reír. ¡No cabía duda que el señorito Frederick era un muchacho prevenido! En vista de ello, la doncella fue a decir a la cocinera que hiciera otra tanda de pastelillos para Fatty.

Éste se proponía idear un buen plan para resolver aquel nuevo problema, inmediatamente después de almorzar, pero, por desgracia, se quedó profundamente dormido ante la chimenea, con *Buster* a su lado, acurrucado en la alfombra del hogar, y ya no se despertó hasta que el reloj dio las tres y media.

El muchacho se puso en pie de un brinco. ¡Qué horror! ¡Sí, por entonces debía de haber llegado ya a casa de Pip! Rápidamente, tomó el abrigo y la gorra del perchero, y recordó las órdenes de su madre de ponerse una bufanda mientras subsistiese el resfriado. Para ganar tiempo, decidió ir en bicicleta, con *Buster* en la cesta anterior.

Al llegar a casa de Pip, llamó al timbre insistentemente, con gran enojo por parte de la señora Hilton. ¿Por qué Fatty anunciaba siempre su llegada? ¡Sin duda, aquel chico necesitaba un rapapolvo! ¡Cada vez tenía más humos!

—Siento haberme retrasado —se disculpó Fatty, al entrar en el cuarto de jugar del piso de arriba, con *Buster* retozando a sus pies—. Me dormí. No sé cómo fue.

—¡A todos nos ha pasado lo mismo! —tranquilizóle Larry, con una sonrisa—. Empiezo a creer que el doctor tenía razón. Pip y Bets estaban aún durmiendo cuando llegamos.

—Pero ahora estamos muy «despiertos» —declaró Pip—. Mamá dice que puedes quedarte a merendar, si quieres. La cocinera ha hecho un gran pastel de chocolate, de modo que la suerte te sonríe. Mamá nos ha dado permiso para terminárnoslo entre todos, si nos apetece.

—Esa es la ventaja de haber pasado la gripe —observó Bets—. Las personas mayores creen que necesitamos comer mucho para recuperarnos y, por ejemplo, nuestra madre, en lugar de decir: «Vamos, no seáis tan glotones», repite constantemente: «Comed más, chiquillos. Eso es poco. Ahí va otra ración.» ¡Ojalá se prolongue mucho nuestra convalecencia!

Todos hicieron votos porque así fuera. Pip fue en busca del resto de los bombones de menta que Bets le había regalado y ofreció uno a todos los presentes. Luego, los chicos se instalaron cómodamente en torno a la chimenea, con el ánimo muy optimista y los mofletes hinchados bajo la presión del respectivo bombón.

—Ahora, vayamos al grano —propuso Larry—. Este mediodía tuvimos que dejarlo todo en el aire para ir a comer, y es cuestión de concretar. ¿Tienes algún plan, Fatty? ¿Crees que este caso es un misterio? A mi modo de ver, parece bastante trivial, comparado con los misterios que hemos desentrañado en anteriores ocasiones, pero aunque fuese un misterio «insignificante» sería estupendo aclararlo en estos cuatro o cinco días que nos quedan de vacaciones.

Estas últimas palabras motivaron las naturales protestas. A ninguno le hacía ni pizca de gracia volver al colegio, y, no obstante, repuestos ya de su enfermedad, era inevitable.

—Creo —declaró Fatty, pausadamente—, que es muy «posible» que la cosa resulte ser un misterio. En caso afirmativo, sacaremos el máximo partido de la situación. Al fin y al cabo, un misterio, grande o pequeño, es siempre un misterio, y hay que desentrañarlo. ¡Propongo que pongamos manos a la obra inmediatamente!

Capítulo X

UNOS POCOS PLANES... Y UNA BUENA MERIENDA

Al oír aquella declaración de Fatty se pusieron todos contentísimos, e incluso *Buster* mostró su aprobación dando coletazos en el suelo, dispuesto a intervenir en el desentrañamiento de aquel nuevo misterio.

—Supongo que todos recordáis nuestras gestiones de esta mañana —dijo Fatty—, y las pocas pistas de que disponemos, a saber: dos clases de huellas de pisadas; un guantecito encarnado y una colilla, que en realidad no puede considerarse un indicio, como no sea el de que el intruso fumaba, porque ni siquiera sabemos de qué marca era el cigarrillo.

—En efecto —convino Larry—. Esas dos son todas nuestras pistas.

—A propósito —profirió Fatty, acordándose súbitamente de un detalle—. Sabemos que el hombre se escondió en el jardín y entró en la casa por la ventana trasera, pero, ¿sabe alguno de nosotros por dónde salió? El hecho de que no estuviera en la casa al día siguiente, esto es, hoy, indica que se fue una vez cumplida su misión. ¿Alguna sugerencia?

—Sí —se apresuró a responder Pip—. Creemos que salió por la puerta anterior. Nos pareció distinguir varias pisadas suyas entre el revoltijo de huellas grabadas en ambas direcciones del sendero anterior. De cualquier modo, no vimos ninguna desandando el camino de ida en el jardín trasero.

—Entiendo —murmuró Fatty—. Según eso, el intruso probablemente salió por la puerta anterior, absteniéndose de cerrarla de golpe para no llamar la atención de los vecinos. Es una lástima que no sepamos de nadie que viera a uno de los dos hombres vagando a altas horas de la noche, particularmente a Fellows, que iba en zapatillas y acaso en batín. De hecho, ésa debería ser nuestra primera gestión: buscar a una persona que hubiese visto a cualquiera de los dos individuos anoche.

—No sé cómo quieres hacerlo —objetó Daisy—. Si fuésemos preguntando a la gente que andaba por la calle a aquellas horas si vieron a un hombre en batín y zapatillas, nos tomarían por locos.

—Otra cosa que nos convendría averiguar es a qué hora entró el hombre en la casa —prosiguió Fatty—. Esto podría proporcionarnos alguna guía.

—¿Una guía para qué? —inquirió Daisy.

—No sé —repuso Fatty—. El caso es que debemos seguir cualquier pequeño indicio. Oye, Larry, ¿tú conoces a los vecinos que viven en la casa situada entre la vuestra y la del señor Fellows?

—Sí —asintió Larry—. La mujer es niñera y tiene un hijo. A veces charlo con él. Es un gran entusiasta de los pájaros. Suele pasarse horas observándolos y sabe todos sus nombres y reclamos.

—¿Da su habitación al jardín del señor Fellows? —preguntó Fatty.

—Lo ignoro —replicó Larry—. ¿Quieres que le pregunte si oyó algo raro anoche, como, por ejemplo, la rotura de un cristal?

—¿Por qué no? —asintió Fatty—. Si supiéramos a qué hora entró el ladrón, pongamos a las tres de la madrugada, es posible que pudiera localizar a una persona que hubiese visto a Fellows a dicha hora.

—¿Qué persona? —repuso Larry, con sorna—. ¿Crees que hay mucha gente merodeando por la calle a las tres de la madrugada?

—Por lo regular, no —admitió Fatty—, excepto el señor Goon alguna que otra vez. Pero hay vigilantes nocturnos. ¿«Sabes» a los que me refiero, Larry? A los encargados de...

—¡Sí, ya sé, ya sé! —interrumpióle Larry, haciendo una mueca—. De acuerdo, tú ganas. No se me había ocurrido lo de los vigilantes nocturnos. Precisamente ahora abundan en nuestro pueblo para vigilar el material y los aperos de los peones que están arreglando las calles. Sí, tienes razón. Es posible que un vigilante nocturno viera al señor Fellows en batín, aunque lo más seguro es que el hombre llevase un abrigo encima.

—Si fue a las tres de la madrugada —intervino Bets—, lo natural es que llevase el pijama puesto y se le viera asomar por debajo del abrigo. No creo que importe el hecho de si llevaba batín o abrigo. Para llamar la atención, le bastaba salir a la calle con pantalones de pijama y zapatillas.

—En resumidas cuentas, ¿propones que vayamos a interrogar a todos los vigilantes del pueblo sobre posibles merodeadores en batín o zapatillas? —gruñó Larry, contrariado ante la idea—. A otro perro con ese hueso. Los vigilantes nocturnos no suelen ser muy serviciales durante el día... contando con que pueda dar uno con ellos. Suelen estar medio dormidos y malhumorados.

—En este caso, iremos a verlos por la noche —decidió Fatty—. Hay que suponer que, como tienen que vigilar, entonces estarán completamente despiertos. Creo que iré «yo». Eso no es cosa de chicas y, además, dudo de que vuestras madres os permitieran salir a la calle de noche con este frío, Larry y Pip, por miedo a que recayerais de la gripe.

—¿Y tu madre? —inquirió Pip—. ¿Te lo permitirá?

—Probablemente experimentaré la necesidad de llevar a dar un paseo a *Buster* esta noche —declaró Fatty, solemnemente—. Mi padre se encargó de hacerlo durante mi enfermedad y, al parecer, *Buster* le hizo correr por todo lo alto, escondiéndose en los arbustos y obligando a papá a buscarlo horas y horas para encontrarlo al fin aguardándole pacientemente en el umbral de la puerta anterior.

Todos se rieron.

—De acuerdo —convino Pip—. Quedamos en que esta noche llevarás a *Buster* a dar un largo paseo y trabarás conversación con varios vigilantes. ¡Ya te veo sentado en un cubo boca abajo, hablando por los codos y calentándote las manos en uno de esos estupendos braseros portátiles!

—Y yo, por mi parte, interrogaré a mi vecino —prometió Larry—. Se llama Erb, el diminutivo de Herbert o de Erbert, nunca lo he aclarado. Es un chico muy simpático. Si consigo averiguar algo, te llamaré por teléfono, Fatty. Iré a verle esta noche y, con la excusa de prestarle un libro de ornitología o lo que sea, lo acribillaré a preguntas.

—Bien —convino Fatty—, y si de resultas de tu interpelación averiguas la hora de la rotura de la ventana, tanto mejor. Entonces podré preguntar a los vigilantes si vieron a Fellows a una hora determinada y será todo más fácil.

—¿Por qué? —preguntó Bets, desconcertada.

—Porque a lo mejor resulta que tengo un tío sonámbulo que salió de casa a determinada hora de la noche y deseo saber por dónde anduvo —declaró Fatty, sonriendo—. ¡Ajá! ¡Voy a interesar a unos pocos vigilantes nocturnos en mi tío Horacio!

—No sabía que tuvieses un tío llamado Horacio —farfulló Bets.

—¿No? —sonrió Fatty—. Pues, como acabo de decirte, es el sonámbulo. Además, tengo otro tío llamado Tobías, que sale por la noche a buscar gusanos de luz. Es un viejo raro. Es posible que los vigilantes le hayan visto también.

La salida fue acogida con risas.

—¡Qué bobo eres! —exclamó Bets, dándole una puñada—. ¡Tienes tanta imaginación que nadie creerá tus historias!

De pronto, *Buster* se precipitó a la puerta y permaneció allí, con el hocico pegado a ella.

—*Buster* ha oído que traen la merienda —infirió Pip—. Me gustaría tener el oído de un perro. A propósito, Daisy, ¿cómo está el gatito?

—Muy bien —respondió la muchacha—. Es muy mono y cariñoso. Si, como supongo, pertenecía al señor Fellows, a estas horas debe de estar preocupado por él. No comprendo cómo hay gente capaz de abandonar a un pobre animalito para que se muera de hambre en una casa desierta.

—A lo mejor, vuelve —sugirió Fatty—, y, en tal caso, el gato constituirá un magnífico pretexto para ir a verle, Daisy. Puedo llevarle el gatito y formularle toda clase de preguntas inocentes.

—Buena idea... «si» de veras regresa —ensalzó Pip—. ¡Hurra! ¡*Buster* no se equivocaba! ¡«Es» la merienda!

Él y Bets se precipitaron a la puerta y tomaron de manos de la doncella dos grandes bandejas bien colmadas.

—Gracias —murmuró Pip, echándoles una ojeada de aprobación—. ¡Cáscaras! ¡Qué magnífico pastel de chocolate!

Era, en efecto, una suculenta merienda, consistente en tortas recién hechas, calientes y mantecosas, mermelada de fresa, pan y mantequilla, salmón en conserva y pasta de camarones, bollitos de jengibre, galletas tostadas y, como colofón, un gran pastel de chocolate relleno de espesa crema.

—Propongo que, después de merendar, bajemos a la cocina en comisión a dar tres vivas —sugirió Larry—. ¡No cabe duda que la gripe tiene sus ventajas..., una vez pasada! Confío en que en la escuela nos sigan cebando así siempre.

—Seguramente nos alimentarán —sonrió Pip, ofreciendo tortillas a sus invitados—. ¡Pero no a base de estos alimentos! En el colegio, en seguida me harto.

—¡Ja, ja, ja! —exclamó Larry, dando un bocado a su torta—. ¡Qué chiste! ¡Caramba! ¡Ésta es la torta más mantecosa que he comido en mi vida! ¡Apuesto a que *Buster* estaría encantado de lavarme la cara después de zampármela!

La merienda transcurrió en un ambiente cordial, alegre y confortable. *Buster* aceptó pedacitos de todos y aprovechó una distracción general para apoderarse de una galleta del plato que las contenía.

Una vez desaparecidas todas las golosinas, Pip preguntó cortésmente a sus amigos si deseaban que bajase a la cocina a por más. Pero todos estaban repletos. *Buster* dio unos coletazos en la alfombra para dar a entender que no le importaría tomar unas pocas galletas más, pero desgraciadamente nadie se fijó en él.

Después de merendar, jugaron a la oca, pero antes de terminar la partida, tuvieron que interrumpirla. Larry y Daisy debían regresar a casa a las seis y cuarto para recibir a una tía que iba a pasar unos días con ellos.

—¿Tendrás tiempo de ir a ver a tu vecino Erb? —preguntó Fatty.

—Naturalmente —asintió Larry—. Dejaré a Daisy charlando con tía Pamela (mi hermana es una gran conversadora) y yo iré por mi cuenta. Vamos, Daisy. Debemos irnos.

Bajaron todos a la cocina y dieron tres vítores por la exquisita merienda. Las dos sirvientas se mostraron muy complacidas.

—¡Vamos, zalameros! —sonrió la cocinera—. ¡Todo esto es comedia para que os sirvamos otra suculenta merienda la próxima vez que volváis por aquí! ¡Ah! ¡Aquí está *Buster*! ¿Te han dado algo de merendar, *Buster*?

Buster agachó la cola en señal negativa.

—¡Eh, tú, mentirosuelo! —reconvino Pip—. ¿Quién robó una galleta del plato? Pensabas que no miraba, pero te vi perfectamente. Afortunadamente eras mi invitado. ¡De lo contrario, te habrías llevado una buena reprimenda!

Larry, Daisy y Fatty fueron a despedirse de la señora Hilton y a darle las gracias, pues les constaba que la dama era muy estricta en lo tocante a buenos modales. Luego, se encaminaron juntos al portillo anterior por el sendero del jardín.

Fatty montó en su bicicleta.

—Espero no tropezar con Goon —refunfuñó—. Voy sin luz. Bien, hasta luego, Larry y Daisy. ¡Ya tenemos un nuevo misterio! ¡Veremos cómo resulta! No te olvides de telefonearme, Larry.

—Pierde cuidado —le tranquilizó éste—. ¡Buena suerte con tu tío Horacio, tu tío Tobías y los vigilantes nocturnos, Fatty! ¡Y procura no perder de vista a esos dos tíos tuyos en el futuro!

Capítulo XI

LARRY HACE UNA PEQUEÑA GESTIÓN... Y FATTY TAMPOCO PIERDE EL TIEMPO

Larry y Daisy llegaron a su casa a las seis y cuarto en punto. Por entonces, su tía estaba ya allí. Tras charlar cortésmente con ella por espacio de unos diez minutos, Larry se escabulló, dejando a Daisy con la dama. El muchacho subió a su habitación en busca de su nuevo libro sobre pájaros de jardín. ¡A Erb le encantaría hojearlo!

Una vez en el jardín de la casa de al lado, se encaminó a la puerta trasera y llamó cuatro veces consecutivas, para indicar a Erb, mediante esta señal previamente convenida, que deseaba hablarle.

Erb no tardó en acudir a abrirle.

—¡Hola! —dijo éste—. ¿Qué sucede?

—Nada —contestó Larry—. He pensado que a lo mejor te gustaría leer mi nuevo libro. Contiene todos los pájaros de jardín habidos y por haber, al menos los más corrientes en nuestro país.

—Entra —le invitó Erb, ávidamente—. Mamá ha halido. Echemos una ojeada a tu libro. ¡Atiza! ¡Qué bonito! ¿De veras vas a prestármelo?

Erb se instaló ante la mesa y abrió el libro, deseando en su fuero interno que Larry regresara en seguida a su casa y le dejase solo con él. No cabía duda que Herbert estaba chiflado por los pájaros.

Mientras Larry trataba de idear un medio para iniciar sus preguntas sobre la noche anterior, Erb brindóle de pronto la oportunidad deseada.

—¡Ooooh! —exclamó el chico—. ¡Aquí hay un estupendo capítulo sobre las lechuzas! ¡Qué láminas más preciosas! Me encantan las lechuzas. Estoy siempre atento por si oigo alguna. ¡Atiende! ¡Ahora hay una ululando! ¿La oyes?

A los oídos de Larry llegó una prolongada ululación.

—¿Oíste alguna lechuza anoche, Erb? —preguntó el muchacho, enderezándose.

—Sí —asintió Erb—. Les gustan las noches de Luna, ¿sabes? Una de ellas se acercó tanto a mi ventana que pensé que me llamaba para ir a cazar ratones con ella. La vi incluso volar por delante de la ventana, aunque no pude captar el rumor de su suave aleteo.

—¿A qué hora la oíste? —inquirió Larry—. ¿Te fijaste?

—¿Por qué me lo preguntas? —exclamó Erb sorprendido—. ¿La oíste tú también? Vamos a ver, déjame recordar. Oí lechuzas antes de acostarme, a eso de las diez. Luego, volvieron a despertarme hacia las doce y media. Entonces, fue cuando vino una a mi ventana. En vista de ello, me levanté a observarlas un rato.

—¿A dónde da tu habitación, a nuestra casa? —preguntó Larry.

—No —repuso Erb—, a la del otro vecino, la que fue robada anoche. Cuando me asomé a mirar por la ventana a las doce y media aún había luz en la sala de estar. Sin duda, el señor Fellows estaba trabajando allí según su costumbre. A veces, no corre las cortinas y le veo sentado ante una mesa. Pero anoche las cortinas estaban corridas. Además, creo que tenía puesta la radio. Aseguraría que la oí.

—Supongo que, después de esto, ya no volviste a oír más lechuzas —murmuró Larry con la esperanza de sonsacarle—. Probablemente las había a montones, buscando ratones a la luz de la Luna.

—Desde luego —asintió Erb—. Algo me despertó más tarde, pero no creo que fuesen lechuzas. En realidad, ignoro de qué se trataba. Encendí la luz y comprobé que eran las tres y cuarto. Fui a la ventana y agucé los oídos por si ululaban lechuzas otra vez, y, en efecto, percibí los graznidos de varias lechuzas pardas y de otras más pequeñas.

—¿Se había apagado ya la luz de la sala del vecino de al lado? —inquirió Larry.

—Sí, pero lo curioso es que me pareció ver luz en la cocina, aunque no era luz eléctrica, sino más bien una linterna o una vela.

Todo esto resultaba en extremo interesante. Larry se preguntó si la luz de la cocina no habría sido la linterna del hombre que había entrado en la casa a través de la ventana rota.

—¿No recuerdas qué clase de ruido era el que te despertó? —insistió Larry—. ¿No fue el producido por la rotura de un cristal, pongo por caso?

—Es posible —respondió Ern, frunciendo la frente—. ¿Te refieres al robo de la casa vecina? Pues, sí, no descarto la posibilidad de que lo que oí, fuese la rotura de un cristal y lo que vi en la cocina una linterna, pero no puedo asegurarlo. Apenas presté atención a esos detalles.

E inclinando de nuevo la cabeza hacia el libro, el chico se enfrascó en su lectura. Larry se puso en pie, convencido de que no podría sacarle nada más. Saltaba a la vista que Erb se tomaba mucho más interés en los pájaros que en los robos, y parecía tenerle sin cuidado lo acaecido en la casa de al lado.

—Adiós, Erb —despidióse Larry.

Y regresó a su casa. ¡Vaya con Erb y sus lechuzas! ¡Ojalá pasara un buen rato con el libro de los pájaros! Merecía aquel préstamo a cambio de la valiosa información que acababa de facilitarle.

Larry telefoneó a Fatty y le informó clara y concisamente de toda la conversación sostenida con su vecino.

—Cada vez te luces más en los informes —elogió Fatty, satisfecho—. Gracias por todos esos interesantes pormenores. No cabe duda de que el ladrón rompió el cristal alrededor de las tres y cuarto y que, al poco rato, el señor Fellows huyó de la casa, probablemente llevándose consigo el objeto u objetos que buscaba el intruso.

—Bien —masculló Larry—, supongo que ahora decidirás que tu respetable tío Horacio andaba vagando sonámbulo por la calle alrededor de las tres y cuarto de la madrugada, y la mitad de los vigilantes nocturnos de Peterswood se enterarán de su vida y milagros, incluidas las zapatillas.

—En efecto —asintió Fatty—. ¡Pero qué inteligente eres, Larry! Gracias por todo, amigo. Has hecho una buena faena. Mañana te contaré mis andanzas nocturnas.

Aquella noche, Fatty subió a acostarse a las ocho, inmediatamente después de cenar.

—Me alegro de que tengas la sensatez de acostarte temprano —aprobó su madre—. Has tenido una jornada muy larga. Tu padre y yo saldremos a jugar al «bridge». No leas hasta muy tarde, Federico.

Fatty prometió ser prudente, felicitándose de su buena suerte. Al presente, no tendría que desvestirse del todo para meterse en cama, pues ya no había peligro de que su madre pasara a darle las buenas noches.

Al rato, oyó que su padre sacaba el coche. El ronroneo del motor no tardó en proceder del sendero y de la calle, hasta perderse a lo lejos. Magnífico. Ahora podría operar.

Por espacio de unos instantes, estuvo indeciso respecto a un posible disfraz. ¿Se disfrazaría? En realidad, no era necesario. Por otra parte, disfrazarse resultaría siempre divertido, especialmente después de no haber podido hacerlo durante aquellas aburridas vacaciones. Total que el chico decidió caracterizarse y, tomando una linterna, desapareció con *Buster* en la oscuridad del jardín, en dirección al cobertizo donde guardaba sus disfraces.

El muchacho optó por ponerse algo discreto para no asustar a los vigilantes nocturnos, amodorrados junto a sus fuegos. Eligió, pues, un pequeño bigote y una dentadura postiza de dientes saltones. En lugar de peluca, luciría su propio pelo, cubierto con una gorra a cuadros. Se la pondría con la visera hacia atrás para estar más chulo.

Luego, escogió un abrigo de «tweed», algo grande para su talla, y una bufanda de lunares azules. Una vez caracterizado, se miró al espejo. ¿Parecía un joven interesado en obtener información de un tío sonámbulo? Fatty llegó a la conclusión de que así era.

El chico se puso en marcha, diciéndose que lo mejor que podía hacer era encaminarse en dirección al río, ya que el hecho de que el señor Fellows hubiese salido por el portillo trasero indicaba que el hombre se había dirigido allí en lugar de remontar la calle, hacia las colinas. Ahora bien, ¿cuál era la calle en reparación entre las que conducían al río?

A su pesar, Fatty no llevó a *Buster* consigo. Mucha gente conocía al perrito y, si lo veían en compañía de un joven desconocido a aquellas horas de la noche, a lo mejor pensarían que éste lo había robado. Así, pues, *Buster* se quedó en el cobertizo, acurrucado en una alfombrilla.

Fatty se dirigió a la casa del señor Fellows. La villa aparecía en la más completa oscuridad. Deteniéndose junto al portillo trasero, el muchacho contempló la calle. Sí, descendería por ella y, cuando llegase al fondo, observaría si veía el resplandor de algún brasero encendido.

El muchacho echó a andar a buen paso. Al llegar al extremo de la calle, miró a izquierda y derecha. No había rastro de vigilantes nocturnos. Doblando a la derecha, Fatty se dirigió a la próxima bocacalle. Allí la suerte le fue más propicia.

Varias luces encarnadas lucían en hilera, y, en medio de ellas, se distinguía la oscura forma de una barraca con un brasero delante. Fatty se acercó al lugar.

Al oír sus pasos, el vigilante asomó la cabeza al exterior.

—Buenas noches —saludó Fatty, jovialmente—. ¡Qué buen fuego tiene usted ahí! ¿Me pasará usted factura si me acerco a calentarme un poco las manos, amigo?

—Nada de eso —repuso el viejo guardián, dando una bocanada a su pipa—. Bien venido sea usted y caliéntese a su gusto. Todo el mundo que pasa por aquí suele aprovecharse de mi fuego.

—¿Transita mucha gente por esta calle después de

medianoche? —preguntó Fatty, extendiendo las manos sobre la cálida lumbre.

—A veces, pasa el policía, el señor Goon —contestó el vigilante—. Es muy charlatán. Como siempre trae entre manos algún caso importante, me lo cuenta de pe a pa. También pasa algún que otro pescador aficionado a la pesca nocturna. Por lo visto es más fácil pescar a estas horas, porque nadie hace ruido.

—A lo mejor ha visto usted alguna vez a mi tío Horacio —aventuró Fatty—. Es un viejo muy particular. Anda dormido.

—¿De veras? —inquirió el vigilante con interés.

—Lo que oye, amigo. ¿Recuerda usted si le vio anoche, vagando por esas calles en batín o bien con un abrigo encima del pijama y calzado con zapatillas?

El hombre se echó a reír como un ganso. Fatty escuchó aquella risa, prometiéndose imitarla alguna vez. ¡Era maravillosa! ¡Parecía el cacareo de una gallina!

—No, no le vi —replicó el viejo—. Y me alegro de que así fuera porque, a mejor me habría figurado que dormía y soñaba, cosa realmente indigna de un vigilante. Pero mi camarada Willie, el que vigila un poco más allá, cerca del río, dijo haber visto a un sujeto en pijama, anoche. Tal vez se trataba de su tío Horacio, amigo. Debería usted encerrarle bajo llave. ¡De lo contrario, una noche es capaz de ahogarse practicando el sonambulismo a la orilla del río!

—Sí —convino Fatty, alborozado ante esta inesperada noticia—. Creo que «no tendré más remedio» que encerrarle en el futuro. Voy a preguntar a Willie. ¡Hola! ¿Quién es aquél?

Acababa de sonar el timbre de una bicicleta. Casi simultáneamente surgió una figura familiar a la luz del farol más inmediato. ¡Atiza! ¡Era Goon! ¿Qué andaría «haciendo» por allí?

Capítulo XII

CORRERÍAS NOCTURNAS

Fatty se alejó presurosamente, satisfecho de no haber llevado consigo a *Buster.* ¡Menuda bienvenida habría dispensado el terrier al sorprendido señor Goon! Mientras el corpulento policía se apeaba de su bicicleta y se acercaba al vigilante, Fatty desapareció en la oscuridad en busca de Willie.

Otra hilera de luces rojas sirvióle de guía. El muchacho descendió por una larga calle hacia ellas, y muy pronto vislumbró el destello del río al fondo. La pequeña barraca del vigilante se hallaba caldeada por el consabido brasero encendido.

Fatty hizo una presentación como antes, procurando sacar a colación a su tío Horacio en cuanto pudo, temeroso de que Goon volviera a aparecer. ¿Por qué merodeaba el policía por las calles cuando Fatty las necesitaba para él solo?

Willie resultó ser un sujeto muy huraño y de pocas palabras. Con todo, Fatty no se dio por vencido.

—Estoy seguro de que a veces algún transeúnte le pide permiso para calentarse en este estupendo brasero

—insistió el chico—. Apuesto a que mi viejo tío Horacio viene a calentarse cuando sale por la noche a dar sus paseos de sonámbulo.

El vigilante refunfuñó algo por lo bajo, sin interesarse en lo más mínimo por el tío de Fatty ni por el sonambulismo.

—A lo mejor le vio usted anoche —prosiguió Fatty—. Se le ocurrió salir en pijama y zapatillas. ¡Ja, ja, ja!

El vigilante observó a Fatty. De repente, mostrándose algo más locuaz, declaró:

—Efectivamente, le vi. Al menos, vi a un tipo corriendo con pantalones de pijama y zapatillas. Le tomé por un chiflado. Pero, a juzgar por el modo que corría, no parecía ningún viejo.

Fatty le escuchaba, alborozado. ¿Conque el señor Fellows había pasado por allí, eh? El hecho resultaba interesante porque aquella calle sólo conducía al río. ¿Por qué motivo habría ido al «río»?

—¿Llevaba algo consigo? —inquirió Fatty.

—Sí —masculló el hombre—, algo en brazos, pero no sé qué. ¿De modo que era su tío, amigo? ¿Suele andar por la calle sonámbulo?

—Sí, sobre todo en las noches de Luna —respondió Fatty, dispuesto a inventar lo que fuera en vista de que ya había podido averiguar todo—. ¿No le vio usted volver?

—No —repuso Willie.

Y, una vez más, se encerró en su mutismo. En el momento que Fatty se disponía a despedirse de él, percibió de nuevo el tintineo de una bicicleta. ¿Era posible que volviese a ser la del señor Goon?

¡Efectivamente, lo era! Fatty tuvo el tiempo justo de huir de la luz del brasero. Entretanto, Goon, se acercó a saludar a Willie, emergiendo bajo la luz de los fanales.

—¡Hola, amigo! —le gritó—. ¿Está usted ahí? ¡Deseo formularle unas preguntas!

Fatty se ocultó tras un oportuno arbusto, concibiendo una abrumadora sospecha. ¿Intentaba Goon interrogar al vigilante por el mismo motivo que acababa de hacerlo él en nombre de los Indagadores? ¿Habría llegado a las mismas conclusiones que éstos respecto al problema? ¡En caso afirmativo, era que el policía se estaba volviendo listo!

—Oiga usted, Willie —empezó el señor Goon, calentándose en el brasero, primero de cara y luego de espaldas—. ¿Vio usted algún sospechoso anoche? Tengo entre manos un nuevo caso y estoy buscando a alguien.

—Supongo que no será a un viejo tío sonámbulo que se pasea en pijama y zapatillas, ¿verdad? —sugirió Willie.

Goon le miró asombrado.

—¡Qué casualidad! —barbotó—. El viejo vigilante encargado de la otra calle me hizo la misma pregunta. Creí que era una broma. ¿Quién les ha contado a ustedes este embuste?

—Un joven —respondió Willie—. Estaba muy preocupado por su viejo tío Horacio y sus andanzas de sonámbulo.

—¡Ah! —exclamó el señor Goon en tono tan furioso que Willie no pudo menos de sorprenderse—. Y supongo que el tío Horacio fue a dar un paseo anoche, ¿no es eso?

—¡Eh! —lamentóse el vigilante—. ¿Por qué me habla usted en ese tono?

—¿Qué aspecto tenía el individuo que le contó este cuento? —inquirió Goon.

—No me fijé mucho —contestó Willie—. De un

tiempo a esta parte, tengo muy mala vista. Era un tipo joven, alto y con bigote. Algo gordinflón.

El señor Goon lanzó una exclamación. ¡«Gordinflón»! El pretendido sobrino del sonámbulo, ¿no sería aquel diablo de gordito buscando alguna pista, como de costumbre? El señor Goon sintió deseos de gritar de rabia.

Sin duda, el bigote era postizo y lo del tío sonámbulo, una patraña. Saltaba a la vista que todo «era» cosa de aquel gordinflón, entregado a buscar las mismas pistas que con tantos esfuerzos había entrevisto él. ¿Dónde estaría ahora? ¿A dónde habría ido? ¡Si en aquel momento el señor Goon hubiese podido ponerle las manos encima, Fatty habría tenido que pedir clemencia!

—Escuche usted, Willie —instó el señor Goon, de pronto, concibiendo un plan—. ¿Me oye usted?

—Sí, pero hable usted más alto, por favor. Estoy algo sordo.

Así pues, con gran satisfacción de Fatty, el señor Goon levantó la voz, diciendo:

—Ese individuo volverá a pasar por aquí. Como me interesa echarle el guante, le ruego que, cuando le vea, le llame usted y le entretenga charlando.

—¿Para qué? —interrogó Willie, perplejo—. Si es un mal sujeto, no quisiera darle la oportunidad de dejarme sin sentido.

—Yo me esconderé en el otro extremo de la calle —prosiguió Goon—. Me tiene un miedo cerval y no quisiera que advirtiese mi presencia. Si viera la luz de mi bicicleta, sería capaz de echar a correr como un gamo. Y a mí me interesa sorprenderle, ¿comprende usted? De modo que, cuando le vea venir, tome uno de sus faroles encarnados y agítelo en el aire. Yo acudiré aquí en seguida, mientras usted le da conversación.

—De acuerdo —suspiró Willie, resignadamente.

Lo cierto era que el hombre estaba hasta la coronilla de aquella sesión de tíos sonámbulos, zapatillas rojas, sujetos sospechosos y faroles oscilantes. ¡A aquel paso desconfiaba de poder descabezar un sueñecito aquella noche!

El señor Goon desapareció en su bicicleta. Una vez en el extremo opuesto de la calle que conducía al río, se escondió detrás de un árbol, con la bicicleta al lado. De este modo, pensaba sorprender a aquel gordinflón a su regreso al pueblo, pues, como el río le cerraba, forzosamente pasaría por allí.

Por su parte, Fatty reflexionaba sobre el partido a tomar, indeciso entre dirigirse al río y pasar a la otra calle paralela a través de algún jardín trasero, o gastar una pequeña broma a Goon.

Al fin, optó por esto último. ¡Era lo menos que merecía Goon por andar diciendo que Fatty le tenía un miedo cerval! El muchacho procedió a obrar con presteza. Primero, se embadurnó la cara de barro. Luego, se enderezó la gorra de forma que la visera le protegiera las ojos, sustituyó su bufanda por un pañuelo blanco y se quitó el bigotito dejándose sólo encima la horrible dentadura postiza.

A continuación, palpó el suelo del solar donde se hallaba, por si acaso encontraba algo útil para el fin que se proponía. A poco, dio con un viejo saco. Justamente lo que necesitaba. Andando a tientas entre los cascotes abandonados por los peones camineros, encontró un montón de piedras y fragmentos de ladrillos. Rápidamente, procedió a llenar el saco hasta la mitad o poco menos. Aun así éste pesaba lo suyo.

Con él a cuestas, el chico se encaminó de nuevo a la calle y pasó ante el vigilante, inclinado bajo el peso.

El vigilante le vio, pero sus miopes ojos no distinguieron quién era. El hombre escrutó al desconocido, deseando que la Luna asomase tras la nube que la ocultaba. Por último, consideraba que quienquiera que fuese, resultaba un tipo sospechoso, se dijo que no estaría de más agitar el farol rojo, según lo convenido.

Y tomándolo del suelo, se volvió hacia el señor Goon y lo balanceó lentamente. Fatty sonrió al verlo con el rabillo del ojo. El muchacho avanzaba paso a paso, inclinado bajo el peso del saco. ¡Qué pinta de sospechoso presentaba en aquel momento!

Al ver el vaivén de la luz roja, el señor Goon, se apresuró a descender la calle, amparándose en las sombras. Gracias a las suelas de goma de sus botas, caminaba con el máximo sigilo. Al tiempo que se acercaba, trató de vislumbrar a Fatty, hablando con el vigilante. Pero, al llegar a la pequeña barraca, comprobó con enojo que Willie estaba solo.

—¿Dónde está ese tipo? —inquirió el policía, contrariado—. ¿Por qué ha agitado usted el farol?

—Porque he visto a un sujeto muy sospechoso dirigiéndose hacia el río —explicó Willie—. No es el tipo que usted busca, pero estoy seguro de que le gustaría interrogarle. Va cargado con un saco muy pesado. ¡Apuesto a que no le disgustaría a usted ver lo que contiene!

—¡Caramba! —exclamó Goon, diciéndose que, a falta de dar con Fatty, no estaría de más practicar otra detención—. ¡Todo esto me da muy mala espina! ¿En qué dirección ha ido?

—Por allí —indicó Willie.

Goon echó a andar hacia aquel punto, en pos de Fatty y del saco sospechoso. Entretanto, el muchacho se volvió a echar una ojeada. ¡Magnífico! ¡Goon le seguía los pasos! ¡Menudo paseo le daría!

Fatty descendió al río al lugar donde las aguas rie-

CARLOS FREIXAS

laban bajo la plateada luz de la Luna, y se metió por el camino de sirga que conducía al pequeño embarcadero inmediato. Goon le seguía furtivamente resoplando con tal fuerza que hasta Fatty percibía sus resuellos.

El chico avanzaba lentamente, arrastrando los pies como un viejo muy caduco. Al propio tiempo tosía lastimosamente, con una horrible tos cavernosa. De pronto se detuvo para depositar el saco en el suelo, como si no pudiera ya con su peso. Goon se detuvo a su vez, para observarle bien.

A poco, Fatty volvió a cargarse el saco al hombro y reanudó la marcha hacia el embarcadero. Cuando estaba casi en él, el muchacho hizo un nuevo alto, bajando el saco con un gemido. Goon se paró también, presa de invencible curiosidad. ¿Qué hacía aquel viejo con aquel saco tan pesado? ¿A dónde iba? ¿Qué contenía el saco? ¿Pensaba entregarlo a algún cómplice? La excitación de Goon iba en aumento.

Una vez más, Fatty reanudó su camino con el saco al hombro hasta llegar al pequeño embarcadero de madera, bañado por las plateadas ondas. Fatty tomó asiento en él, como aquel que se dispone a descansar un rato.

Goon juzgó llegada la hora de intervenir. Emergiendo de la oscuridad, se dirigió al embarcadero a grandes zancadas, envuelto en la luz de la Luna.

—Vamos a ver —profirió—. ¿Cómo se llama usted? ¿Y qué lleva en ese saco?

—Piedras y ladrillos —respondió Fatty, sinceramente, con voz triste y fatigada.

—¡Bah! —gruñó Goon, desdeñosamente—. ¡Nadie, a no ser algún chiflado, se dedica a acarrear sacos de piedras y ladrillos por estos mundos!

—En ese caso, debo estar chiflado —masculló Fatty, bajando la cabeza para que la luz de la Luna no diera en su rostro.

—Abra usted ese saco y déjeme ver qué hay dentro —ordenó Goon en tono amenazador.

—No —repuso Fatty, agarrando el saco como si contuviera rubíes y diamantes.

—¡Vamos! —insistió Goon, avanzando hacia él—. ¡Abra usted ese saco en seguida!

Capítulo XIII

NOTICIAS DE ERB

—No me pertenece —replicó Fatty, obstinadamente, sin soltar el saco.

—¿Pues de quién es? —inquirió el señor Goon.

—¡Del... del señor Fellows! —murmuró Fatty, para salir del paso.

Al punto, se horrorizó de lo que había dicho.

—¿Del señor Fellows? —repitió Goon, estupefacto—. En este caso, ¿cómo se explica que esté en su poder? ¡Vamos, démelo usted en seguida! ¡Su proceder es muy sospechoso y voy a detenerle ahora mismo!

Y el policía hizo ademán de coger el saco. Entonces, Fatty se puso en pie de un salto y, gritando dramáticamente, exclamó:

—¡No, no lo toque usted!

Y más dramáticamente todavía, levantó el saco y arrojólo al río, junto al embarcadero, alegrándose interiormente de deshacerse de él por fin. El saco cayó al agua con un tremendo chapoteo.

La desilusión del señor Goon fue indescriptible. ¡Pensar que barruntaba que había algo importantísimo en aquel saco y ahora éste había desaparecido! Desolado, se arrodilló a examinar las aguas inmediatas al embarcadero, momento que Fatty aprovechó para poner pies en polvorosa.

El señor Goon contempló, boquiabierto, al fugitivo. ¿Cómo era posible que aquel viejo cansino pudiera correr de aquel modo? ¿No estaría soñando? Lo malo era que no podría darle alcance, porque el individuo se hallaba ya en la calle que llevaba al pueblo. ¡Qué raro que aquel sujeto fuese capaz de correr tanto después de dar la impresión de que no podía con su alma! Sin duda, «el miedo le había conferido alas», como decía la máxima. Pero como él no tenía alas, tendría que emprender el regreso a su paso habitual.

Una vez más, se arrodilló a mirar el río, pero, naturalmente, no logró ver ni rastro del saco. En vista de ello, decidió volver al día siguiente con un bichero para sacarlo. ¡Averiguaría lo que contenía aquel saco aunque tuviese que echarse de cabeza al agua para sacarlo!

Willie se quedó pasmado al ver pasar otra confusa figura como una exhalación. ¡Las cosas que ocurrían en aquellos tiempos! A aquel paso, dudaba de poder descabezar un sueño antes de medianoche. A buen seguro, no tardaría en reaparecer el policía a su vez.

A poco, Fatty, adoptó el paso normal, convencido de que el señor Goon no iba tras él. Por suerte, el policía no le había reconocido. No obstante, ¿cómo se le habría ocurrido decir que el saco pertenecía al señor Fellows? ¡Además de ser una necedad, semejante declaración comprometía al señor Fellows! Fatty no pudo menos de sentirse inquieto.

Llegó a casa sin nuevos tropiezos, pero se sentía inesperadamente cansado. *Buster* le dispensó una bulliciosa bienvenida, y el muchacho se despejó de toda su indumentaria en el viejo cobertizo, ante el alborozo del pequeño terrier.

Después, Fatty remontó trabajosamente el sendero del jardín que conducía a la casa.

«¡Demontre! —pensó, maravillado—. ¡Ahora sí que arrastro los pies de verdad! ¡Y conste que el cansancio no hace ninguna gracia cuando es auténtico!»

Estaba tan fatigado, que subió la escalera medio dormido. En cuanto se tendió en la cama, empezó a soñar en faroles encarnados siguiéndole, amenazadores. Al oírle gemir en sueños, *Buster* enderezó una oreja. Luego, Fatty soñó con el señor Goon, montando en su bicicleta. Afortunadamente, todas las luces encarnadas se posaron en él, y Fatty quedó libre al fin.

A la mañana siguiente, sonó el teléfono durante el desayuno.

—Es para usted, señorito Frederick —anunció la doncella, acudiendo al comedor—. De parte del señorito Larry.

Fatty pegó un brinco como si le persiguiera una jauría. ¡Que Larry telefonease tan temprano significaba que ocurría algo! El muchacho se precipitó al teléfono, excitado.

—¿Eres tú, Fatty? —preguntó la agitada voz de Larry—. ¡Oye! ¡El señor Fellows ha vuelto! ¡He pensado que es mejor que lo sepas en seguida, por si acaso el viejo señor Goon no lo sabe todavía!

—¡Cáscaras! —exclamó Fatty—. Has hecho muy bien. ¡Gracias por telefonear! ¿Cómo te has enterado?

—Me lo ha dicho Erb —explicó Larry—. Mientras me hallaba en el jardín con Daisy buscando a uno de los gatitos, empeñado en entrar en casa, Erb me llamó por la tapia y me dijo que anoche, mientras escuchaba de nuevo el canto de sus preciosas lechuzas en la cama, oyó el chirrido del portillo de la casa vecina.

—Continúa —instó Fatty—. ¿A qué hora fue eso?

—Erb asegura que fue alrededor de las dos de la madrugada —respondió Larry—. Al oír el ruido acudió inmediatamente a la ventana a comprobar si se trataba de otro ladrón, pero entonces vio al señor Fellows, muy claramente por cierto, bajo la luz de la Luna. Luego volvió a verle porque, al entrar en la casa, el hombre encendió la luz de la salita, cuya ventana permite a Erb atisbar el interior. Entonces comprobó que el hombre «era», efectivamente, el señor Fellows.

—¿Cómo iba vestido? —preguntó Fatty, excitado por la noticia.

—Erb no pudo verlo bien, pero «cree» que llevaba un batín. Sin embargo, no vio ningún paquete, de modo que si de veras el hombre huyó de la casa con un fardo...

—¡Así fue! —afirmó Fatty—. ¡Anoche me lo dijo un vigilante!

—¿Ah, sí? —barbotó Larry—. Pues, en este caso, no volvió a traerlo consigo. ¿Crees que le impresionó ver su casa patas arriba?

—No —repuso Fatty—. Probablemente lo esperaba. Bien, iré a tu casa después de desayunar. Telefonea a Pip y a Bets, ¿quieres? Tendremos que reflexionar sobre el camino a seguir. A propósito, Goon sigue la misma pista que nosotros. Anoche estuvo muy locuaz con los vigilantes. Me dio la impresión de que, por primera vez en su vida, se ha propuesto utilizar la materia gris. ¡Qué milagro!

—¡Frederick! —le gritó su madre—. Se te está enfriando el desayuno. ¡No te entretengas más!

—Adiós, Larry —farfulló Fatty, preguntándose hasta qué punto habría oído su madre la conversación telefónica—. Hasta luego.

De regreso al comedor, el chico volvió a ocupar su sitio, diciendo:

—Era Larry. Esta mañana nos reuniremos todos en su casa, siempre y cuando tú no tengas inconveniente, mamá. ¿No me necesitas para nada?

—«Pensaba» pasar revista a todos tus trajes escolares —respondió su madre—. Pero ya lo haremos otro rato.

—¡Uf! —gruñó Fatty—. ¡Ya no me acordaba del colegio! Por lo regular, me gusta volver allá, pero esta gripe me ha dejado postrado. ¡Ojalá las vacaciones fuesen más largas esta vez!

—Pues pareces la personificación de la salud —observó su padre, bajando el periódico que estaba leyendo—. Y, a juzgar por la cantidad de salchichas que te has comido, estás en plena forma. De modo que no intentes engatusar a tu madre: volverás al colegio el primer día de clase.

—¿Quién ha dicho que trato de engatusarla? —protestó Fatty, indignado—. ¡Las salchichas no tienen nada que ver con mi estado! En realidad, me las he comido maquinalmente, casi sin darme cuenta.

—En este caso, ¡lástima de salchichas! —murmuró su padre, levantando de nuevo el periódico—. Oye, Frederick, sin querer, he oído parte de tu conversación telefónica de hace un momento. Confío en que no volverás a inmiscuirte en los asuntos de ese ridículo policía.

—Si puedo, lo evitaré —masculló Fatty, untando una tostada con mantequilla—. ¿Trae muchas noticias el periódico esta mañana, papá?

—Bastantes —contestó el señor Trotteville secamente—. Conste que me doy perfecta cuenta de que te interesa cambiar de tema.

Fatty optó por callarse, y mientras saboreaba su

tostada, recapacitó sobre el regreso del señor Fellows. Estaba dispuesto a ir a verle inmediatamente después de desayunar, con pretexto de devolverle el gatito. ¡Qué magnífica excusa! Y aprovecharía la ocasión para sonsacarle. A buen seguro, el señor Goon ignoraba el retorno del señor Fellows. ¡Erb «no» se lo habría contado «a él»!

«¡Buena faena, Erb!», pensó Fatty, bebiéndose el café.

Erb les estaba resultando, en verdad, muy útil, gracias a su afición a las aves nocturnas. Muy distinto habría sido si su interés se hubiese centrado en los gorriones diurnos.

Tomando la bicicleta, Fatty se dirigió presurosamente a casa de Larry con *Buster* en la cesta. Por el camino, vio al señor Goon, también en bicicleta, a considerable distancia. Al reconocer a Fatty, el policía agitó la mano frenéticamente, deseoso de formularle unas preguntas sobre la noche anterior.

Fatty comprendió al punto la intención del hombre, pero en lugar de detenerse, agitó la mano a su vez como aquel que corresponde a un saludo. El policía pedaleó furiosamente para darle alcance.

«¡Qué fastidio!», pensó Fatty, acelerando la marcha.

Tras doblar una esquina, se apeó de su bicicleta y desapareció con ella en el jardín de una casa deshabitada, agazapándose tras la valla.

El señor Goon pasó ante la casa, sofocado y jadeante, y remontó la calle, maravillado de que Fatty pudiera desaparecer tan de prisa. Entonces Fatty salió de su escondite y, montado en la bicicleta, se alejó en dirección contraria. *Buster* mostraba su extrañeza ante semejante proceder; pero ni siquiera se movió de la cesta.

«Goon está al acecho —se dijo Fatty—. Sin duda quiere que le conteste a varias preguntas embarazosas. ¿No será que sospecha que yo era el tipo a quien siguió anoche? ¿Habrá recuperado ya aquel saco de piedras y ladrillos? Seguramente se valdrá de un bichero para sacarlo. ¡Le deseo buena suerte! ¡La cuestión es que se entretenga por el río y me deje en paz unas horas!»

Llegó a casa de Larry sin aliento. Pip, Bets, Larry y Daisy acechaban su llegada. Daisy tenía el gatito en brazos.

—Nadie ha visto rastro del señor Fellows —informó Larry en cuanto vio aparecer a su amigo—. Suponemos que se habrá acostado un rato. ¿De veras crees conveniente ir a verle? ¡A lo mejor no le cae bien tu visita!

—No hay otro remedio —replicó Fatty—. No puedo perder esta oportunidad. Debo interpelarle sin falta antes de que Goon descubra su regreso.

Y tomando el gatito, agregó:

—Gracias, Daisy. ¿Qué hay, minino? ¡Apuesto a que no te gustará dejar a tu amiguita para volver a aquella casa solitaria!

Luego, dejando su bicicleta en el jardín de Larry, remontó la calle y se detuvo dos casas más allá, ante el portillo del señor Fellows, indeciso entre dirigirse a la puerta principal o a la trasera. Todo continuaba sumido en la quietud. ¿Fingía el señor Fellows estar ausente aún?

«Iré por detrás —pensó Fatty—. No quiero exponerme a que me sorprenda Goon de plantón ante la puerta principal, si por casualidad le ocurre venir por aquí.»

Queda y cautelosamente, el muchacho contorneó la casa en dirección a la fachada posterior. Una vez allí, atisbó por la ventana rota. No se veía un alma. Fatty reflexionó de nuevo.

A buen seguro, el señor Fellows no contestaría a ningún timbre ni llamada, si, en efecto, estaba acostado. Con todo, Fatty debía verle a toda costa. ¿Pero, cómo? El chico se devanó los sesos pensando.

De pronto, se le ocurrió una magnífica idea. Probablemente, a su regreso, el señor Fellows había estado buscando el gatito y hasta era posible que estuviese preocupado por él. Fatty decidió, pues, arrimar la cara al cristal roto y mayar con toda su alma. ¡Si aquello no atraía al señor Fellows a la cocina, no había solución!

Capítulo XIV

UNA INTERESANTE CONVERSACIÓN

—¡Miau! ¡Miau! ¡Miau!

Una serie de estridentes y lastimeros maullidos penetraron en la cocina por la ventana rota. Al oírlos, el gatito se meneó en los brazos de Fatty y empezó a mayar a su vez.

—Muy bien —cuchicheó Fatty—. Prosigue, minino. ¡Maya todo lo fuerte que puedas!

—¡Miau! —obedeció el gatito, sin hacerse rogar—. ¡Miau!

Fatty aguzó los oídos. Le parecía oír ruido en la casa, sin duda procedente de arriba.

—¡Miau-u-u-u! —gritó Fatty.

Una vez más, escuchó. No cabía duda: al presente se movía alguien en la casa. En la escalera resonaron unos pasos. A poco, éstos se detuvieron.

—¡Miau! —repitió el gatito con voz penetrante, interpretando a maravilla los deseos de Fatty.

Por fin apareció un hombre en la puerta interior de la cocina, la que daba al vestíbulo.

«Debe de ser Fellows», pensó Fatty, mirándole atentamente.

Iba completamente vestido, pese a que Fatty esperaba verle en batín y zapatillas. El hombre no había advertido aún la presencia del chico y el gatito, y en aquel momento echaba una mirada circular al suelo de la cocina como preguntándose de dónde procedía el maullido. Era un individuo joven de rostro enjuto y ojos brillantes e inteligentes. Llevaba el cabello cuidadosamente peinado y cepillado, y no tenía el menor aspecto de haber huido de su casa sobrecogido de espanto dos noches atrás.

—¡Miau! —repitió el gatito, bregando por desasirse de las manos de Fatty.

Al oír el maullido, el hombre miró hacia la ventana. No bien vio la cabeza y los hombros de Fatty, hizo ademán de retroceder, pero comprobando al punto que el desconocido era sólo un muchacho con el gatito en brazos, avanzó pausadamente.

Convencido de que al joven le contrariaba el hecho de haber sido descubierto, Fatty se disculpó con estas palabras:

—Siento molestarle, señor, pero éste es su gatito, ¿no? Nos hemos encargado de cuidarle durante el... el contratiempo.

El hombre se atusó el cabello y, extremando la cautela, respondió:

—Sí, es mi gatito. A... aguarda un momento. Voy a abrir lo puerta de la cocina.

Fatty apostóse ante ella mientras el hombre daba vueltas a la llave y descorría el cerrojo. Una vez hecho esto, el joven tendió las manos para coger el gatito. Fatty presintió que, en cuanto el hombre tuviese al gato en su poder, probablemente se limitaría a darle las gracias y cerrar de nuevo la puerta, por lo que, reteniendo al minino, el muchacho espetó:

—¿Sabe usted, señor, que el robo perpetrado en su casa produjo una conmoción? Supongo que se ha enterado usted de que estuvo aquí la policía.

—¿La policía? —exclamó el señor Fellows, con expresión desconcertada—. ¿Para qué? ¿Cómo se enteraron de que la casa estaba vacía... o de que en ella se había cometido un robo?

Fatty reflexionó rápidamente. Al parecer, el señor Fellows ignoraba que el lechero había dado parte y que el señor Goon había acudido a inspeccionar la casa, encontrándola patas arriba. Probablemente, se figuraba que nadie sabía una palabra del intruso ni de su precipitada huida de la casa.

—Si usted quiere, le contaré lo sucedido, señor —propuso Fatty, entrando en la cocina, sin vacilar.

Saltaba a la vista que, al presente, el señor Fellows ansiaba saber lo que Fatty tenía que contarle. La inesperada noticia de que la policía había estado en su casa parecía preocuparle.

Tras cerrar con llave la puerta de la cocina, condujo a Fatty a la salita. Por entonces, todo estaba limpio y ordenado. Sin duda, el señor Fellows se había dedicado a poner en orden su revuelta casa. El gatito les siguió, mayando.

—¿No será que quiere un poco de leche? —inquirió el señor Fellows, mirándolo—. Mucho me temo que no hay ni gota. Al parecer, no ha venido el lechero hoy.

—No —confirmó Fatty, sentándose en una silla—. Supongo que la policía le dijo que no viniera, en vista de que no estaba usted aquí.

—¿Qué «es» todo ese cuento de la policía? —preguntó el señor Fellows, irritado—. ¿Es que un hombre no es dueño de ausentarse por un breve plazo de tiempo sin que se presente a husmear la policía? Lo considero de todo punto innecesario.

—Pero es que parece ser que, mientras estaba usted ausente, entraron ladrones en esta casa y lo dejaron todo patas arriba —explicó Fatty, observando atentamente al señor Fellows—. ¿No la ha encontrado revuelta a su regreso?

El hombre titubeó. Por lo visto, no pensaba extralimitarse en sus respuestas.

—Sí, pero... eso no tiene importancia —dijo al fin—. Soy muy desaseado. ¿Quién... quién dices que dio parte a la policía?

—El lechero —contestó Fatty, acariciando el gatito, que no cesaba de ronronear—. Cuando vino a traer la leche ayer por la mañana, encontró la puerta delantera abierta de par en par y, al ver el desorden, telefoneó a la policía.

—Comprendo —murmuró el señor Fellows—. Todo esto es nuevo para mí.

—Así, pues, ¿a qué hora salió usted de casa? —inquirió Fatty de repente.

Sabía perfectamente a qué hora había sido, gracias a la información de Erb, pero le interesaba ver qué explicación daría el señor Fellows.

Éste acusó un nuevo titubeo.

—Pues... no sé, por la noche —farfulló al fin—. Fui a... a visitar a un amigo y me quedé a dormir en su casa. Anoche, al regresar, hallé la casa un poco desordenada, lo reconozco, pero, que yo sepa, no me robaron nada. No comprendo por qué tuvo que intervenir la policía sin mi permiso.

—Porque la puerta delantera estaba abierta —repitió Fatty pacientemente—. Supongo que la cerró usted al marcharse, ¿verdad, señor Fellows?

—Naturalmente —asintió el hombre.

Pero Fatty se resistía a dar crédito a esta afirmación. Estaba seguro de que el señor Fellows se había limitado a entornarla, a fin de que el intruso no le oyera salir. ¡Y luego éste la dejó abierta de par en par!

Fatty estuvo tentado de preguntarle al señor Fellows cómo iba vestido al abandonar la casa. Pero, al cabo, optó por callarse, convencido de que la pregunta sólo serviría para ponerle más en guardia e inducirle a inventar una mentira. Fatty observó que el hombre iba perfectamente limpio y atildado.

«¡Al revés de mi tío Horacio! —se dijo el muchacho—. En fin, si quiero averiguar si de veras merodeó por las calles en batín y zapatillas, tendré que subir arriba a ver si descubro indicios de esa indumentaria. Pero, ¿cómo?»

De improviso, la conversación fue bruscamente interrumpida. Una carota colorada apareció inesperadamente en el marco de la ventana de la sala y echó una ojeada al interior. El propietario de la cara llevaba casco... ¡Era el señor Goon!

El señor Fellows lanzó una exclamación:

—¿Pero quién es éste? —farfulló—. ¿Habráse visto desfachatez? ¡Otra vez la policía! ¿Quién les ha dado permiso para andar fisgoneando en una finca particular? ¡Voy a cantarles las cuarenta!

—Lo mismo haría yo en su lugar —convino Fatty vehementemente—. Hoy día no puede uno estar tranquilo en casa. ¿Piensa usted dejarle entrar, señor? Parece que quiere hablarle.

Goon estaba efectuando su ronda habitual y, al pasar ante el domicilio del señor Fellows, entró a ver si había alguna novedad por pura rutina. Pero como no salía humo de las chimeneas y todo continuaba en silencio, el hombre se limitó a atisbar el interior por las ventanas, dispuesto a no volver a entrar solo en aquella casa si no era absolutamente necesario.

Excuso decir su sorpresa al ver a Fatty allí sentado en compañía de un hombre que, sin duda, era Fellows. El policía se quedó mirándolo, boquiabierto. Luego montó en cólera. ¿Cómo era posible que aquel diablo de chico estuviese allí otra vez, metiendo las narices en lo que no le importaba y adelantándose a las iniciativas de la policía local?

—Abra usted la puerta, caballero —rugió en voz alta el señor Goon—. Tengo algo que decirle.

Echando una mirada incendiaria al coloradote policía, el señor Fellows fue a abrir la ventana.

—¿Qué hace usted atisbando por mi ventana? —inquirió el señor Fellows, furioso—. ¿No ve que estoy aquí sentado conversando con un amigo? ¿Qué le trae por esta casa?

—¿Un amigo? —barbotó el señor Goon, fulminando a Fatty con la mirada—. ¿Es amigo suyo este chico?

—Pienso denunciarle por su extraña conducta —prosiguió el señor Fellows—. Estoy en mi casa y, por otra parte, no he hecho nada que autorice a la policía merodear por la finca.

—¡Pero... pero... si hubo un robo! —balbuceó el señor Goon—. La casa estaba toda en desorden y...

—Aquí no ha habido ningún robo —repuso el señor Fellows—. Que yo sepa, no falta nada absolutamente. En cuanto al hecho de que la casa estuviera desordenada, no tiene importancia. Soy muy desordenado. Además, tengo perfecto derecho a poner mi propia casa patas arriba si lo deseo, ¿no es eso?

—La puerta anterior estaba abierta de par en par —insistió el señor Goon, entre enojado y aturdido.

—Eso no tiene nada que ver —gruñó el señor Fellows—. Soy bastante desmemoriado. A veces, me olvido de cerrar la puerta. Y ahora..., váyase, ¿me oye? «¡Váyase!»

Fatty no cabía en sí de gozo. ¡Pensar que Goon estaba siempre ahuyentando a la gente y ahora se trocaban los papeles y el despedido era él! Pero el policía tenía aún algo que decir.

—De todos modos —espetó—, permítame advertirle que no tiene usted derecho a marcharse dejando animales abandonados en la casa.

—El gatito está perfectamente —replicó el señor Fellows con firmeza.

Pero en el momento que se disponía a cerrar la ventana, el señor Goon introdujo un enorme brazo azul marino para impedírselo.

—¿Y el perro? —interrogó—. ¿Y el cerdo?

El señor Fellows se lo quedó mirando, sorprendido ¿Estaría en su sano juicio aquel policía?

—¿A qué perro y a qué cerdo se refiere? —preguntó—. ¿Está usted seguro, agente?

—¿Qué dice usted? —bramó el señor Goon, bregando por mantener la ventana abierta—. ¿Y qué hay del individuo que gemía, preguntando por su tía?

Al oír esto, el señor Fellows llegó a la conclusión de que, efectivamente, el señor Goon deliraba, y se volvió a mirar a Fatty. ¡Pero éste había desaparecido!

En el curso de la discusión entablada entre ambos hombres, el muchacho había entrevisto una oportunidad de escabullirse al piso a examinar las zapatillas, los batines y los pijamas. Y a pesar de su resistencia a abandonar el campo de batalla donde tan encarnizadamente se las habían el señor Fellows y el señor Goon, comprendió que no podía desaprovechar aquella ocasión.

Así, pues, tomando el gatito, salió de la estancia.

El gato sería el pretexto de su excursión al piso, porque, ¿qué tendría de particular que el animalito hubiese subido arriba y él hubiera ido a buscarlo?

Total, que Fatty emprendió la ascensión de la escalera, sonriendo al oír gritar al señor Goon la pregunta sobre el perro y el cerdo. ¡Qué risa! ¡Probablemente, el señor Fellows le tomaría por loco!

En el piso reinaba asimismo el más perfecto desorden. Siempre de puntillas, el chico se dirigió al aposento más espacioso, convencido de que allí estaba el dormitorio del señor Fellows. ¡Una vez dentro, todo era cuestión de buscar las zapatillas, el pijama y el batín!

Capítulo XV

FATTY ESTÁ SATISFECHO

Fatty echó una mirada circular a la estancia. ¡No había ningún par de zapatillas a la vista! En consecuencia, buscó debajo de la cama. ¡Menos mal! ¡Allí estaban las zapatillas! Eran rojas, muy parecidas a las de Larry, sólo que más grandes. Fatty examinó las suelas. ¡Estaban llenas de barro! Además, también se apreciaban salpicaduras en el fieltro. Era evidente que el señor Fellows había andado merodeando por las calles con ellas puestas.

Después, Fatty deslizó la mano debajo del edredón y sacó su pijama a rayas rojas y blancas. Al verlo, el muchacho emitió un quedo silbido. La parte inferior de los pantalones apareció salpicada de barro y lodo. Fatty dio un cabezazo. Sí, aquel barro procedía de las lodosas orillas del río.

Luego procedió a buscar el batín. Lo encontró colgado en el interior de un alto armario. Estaba sucio, con motas de paja y heno adheridas al género. ¿Dónde habría estado el señor Fellows con su batín? Mientras cerraba la puerta del armario, Fatty se hizo las siguientes reflexiones:

«Sin duda no fue a casa de un amigo suyo, sino que se escondió en algún rincón durante el resto de aquella noche y todo el día de ayer para evitar que alguien le sorprendiese con aquella indumentaria y le preguntase al respecto. Seguramente se ocultó en algún henil o pajar y volvió a casa anoche. Apuesto a que los vigilantes se llevaron una sorpresa al verle de nuevo, si por casualidad advirtieron su presencia. ¡Qué gracia! ¡Probablemente pensaron que mi tío Horacio volvía a las andadas!»

Las airadas voces procedentes de abajo habían enmudecido. Fatty percibió el rumor de una ventana al cerrarse. Entonces, poniéndose a gatas, llamó:

—¡Miz, miz! ¿Dónde te has metido? ¡Ven acá, en seguida!

—¿Qué haces ahí arriba? —gritó una voz desde abajo—. ¡Baja inmediatamente!

—Discúlpeme usted —excusóse Fatty, apareciendo en lo alto de la escalera—. El gatito se ha escapado.

—Está aquí abajo —dijo el señor Fellows, aún muy enojado—. Y ahora, vete. Gracias por cuidar al gatito. He enviado a paseo a ese entrometido policía. Estoy dispuesto a denunciarlo.

—Hará usted muy bien, señor —murmuró Fatty gravemente.

—Creo que está loco de atar —masculló el señor Fellows, encendiendo un cigarrillo y paseándose nerviosamente de un lado a otro—. ¿A quién se le ocurre hablar de perros, cerdos y tías?

Fatty tuvo que hacer un esfuerzo para no echarse a reír. Satisfecho de sus gestiones y convencido de que no tenía ya nada que hacer en aquella casa, se despidió del señor Fellows con esas palabras:

—Bien, adiós, señor. Confío en que ahora el gatito

tendrá ya quien le cuide. Perdone usted la intrusión. Todos pensábamos que habían entrado ladrones.

—¡Pues no hay nada de eso! —le espetó el señor Fellows—. Y ahora, vete. ¡Quiero estar tranquilo!

Fatty se marchó, silbando por lo bajo. La entrevista había resultado más que interesante. Por añadidura, daba gusto comprobar que todas sus sospechas se confirmaban. ¡Aquellas zapatillas llenas de barro! ¡Cáscaras! ¡Si alguna vez Goon se decidía a entrar en la casa a curiosear un poco descubriría también varias cosas interesantes!

El policía acechaba la salida de Fatty. En el momento que éste se disponía a volver a casa de Larry, el hombre surgió de detrás de un árbol, y, rojo de ira, profirió:

—¡Eh, eh, tú! ¡Eh!

—¿Qué sucede? —inquirió Fatty cortésmente al ver que el hombre parecía incapaz de decir otra cosa—. ¿A qué vienen tantos «eh»?

—¿Conque eres amigo suyo, eh? —farfulló el señor Goon, poniéndose aún más colorado—. ¡«Qué» interesante!

—Me alegro de que lo considere usted así —murmuró Fatty, tratando de proseguir su camino.

—¿Sabes lo que te digo? —rugió el señor Goon, perdiendo definitivamente los estribos—. ¡Que eres una plaga, un entrometido y un granuja! ¡Pero te advierto que he enviado ya mi informe y... y te arrepentirás!

—¿Arrepentirme de qué? —murmuró Fatty sin inmutarse—. Supongo que ha incluido usted en el informe al gatito, el perro y el cerdo, sin olvidar tampoco a la tía.

—¡No había ninguna tía! —vociferó el señor Goon, irritado—. ¡Era un hombre que «preguntaba» por su tía! ¡Uf! ¡Entre tú, Kenton y ese tipo de la casa, me hacéis la vida imposible!

—Lo creo —convino Fatty, atisbando de pronto a Larry y Daisy junto al portillo de su jardín.

Al punto el muchacho hizo votos porque *Buster* estuviese con ambos hermanos, y éstos tuvieran el buen sentido de dejarlo escapar a la calle.

—¿Te figuras que no sé que tú fuiste el que anoche se entretuvo tomando el pelo a los vigilantes nocturnos? —bramó Goon, lanzando una nueva acusación—. ¡Vaya con tu tío Horacio!

Al propio tiempo el policía avanzó hacia él, dispuesto a descuartizarlo. Jamás se había sentido presa de semejante arrebato de cólera. ¡Pobre señor Goon! ¡Estaba tan confuso, aturdido y exasperado que no sabía qué partido tomar!

—¡Guau, guau, guau!

Con una regocijada salva de ladridos, *Buster* salió disparado por el portillo anterior de Larry, a sesenta millas por hora. Emocionado al ver a Fatty, e igualmente emocionado al ver al señor Goon, si bien por diferentes motivos, el perrito saltó sobre Fatty y, tras darle una rápida lamedura, se abalanzó sobre el policía.

Éste desistió de su empeño. Habérselas con Fatty era ya mal asunto, pero bregar con Fatty y *Buster* a la vez resultaba superior a sus fuerzas. Lanzando, pues, el resoplido más sonoro de su vida, el señor Goon montó en su bicicleta y se alejó calle abajo, dándole frenéticamente a los pedales.

Muerto de risa, Fatty entró tambaleándose en el jardín de Larry. Éste lo sostuvo, riéndose a su vez. Luego, en compañía de los otros tres componentes de la pandilla, se dirigieron los dos a la dependencia situada al fondo del jardín. Fatty se desplomó en el suelo, bajo los efectos de la risa y la excitación.

Los Indagadores celebraban una interesante junta. Todos siguieron con atención las explicaciones de Fatty sobre su peculiar entrevista con el señor Fellows, la súbita aparición de Goon y los descubrimientos del muchacho en el piso de arriba.

—¡Caramba! —exclamó Bets con admiración—. ¡Así resulta que todas tus suposiciones eran ciertas! ¡Todas sin faltar una! Ahora «no cabe duda» que el señor Fellows huyó en pijama, batín y zapatillas y regresó a casa con la misma indumentaria, tras dormir en algún escondrijo.

—En efecto —corroboró Fatty—. Pero todavía no sabemos lo que se llevó consigo al salir, ni dónde lo ha escondido. Según Erb, no llevaba ningún bulto a su regreso. Y es lógico que así fuera porque no se comprende que el hombre cargase otra vez una cosa tan valiosa, exponiéndose a encontrar al ladrón al acecho.

—Sí —convino Larry—. Seguramente lo ha escondido. Pero ¿dónde? No podemos registrar todos los heniles y almiares de Peterswood. ¡Los hay a docenas!

—El señor Fellows habla con mucha cautela —comentó Fatty—, y eso significa que pasa algo. ¿Qué será? ¡«Tendremos» que tratar de averiguarlo antes de volver al colegio! ¡Sería horrible dejar un misterio pendiente de resolución!

Todos asintieron, pero ninguno sabía por dónde empezar. Para colmo, el señor Fellows no parecía dispuesto a ayudarles. Lo único indudable era que el hombre tenía gran empeño en esconder algo que estaba en su poder. Pero ¿«cómo» ir a buscarlo en los heniles y pajares de las casas de labor inmediatas? Los labradores pondrían el grito en el cielo.

Fatty refirió a sus amigos su aventura de la noche

anterior. Su relato fue acogido con sonoras carcajadas.

—¡Oh, Fatty! —exclamó Bets—. ¡Nunca he conocido a nadie como tú, ni creo conocerlo en mi vida! ¡No te arredras por nada!

—Hace un momento me asusté un poco con el viejo Goon —confesó Fatty—. ¡Parecía un toro furioso! De todos modos no se lo reprocho. Comprendo que debo de constituir un tremendo engorro para él. ¡Qué alegría tuve al ver que *Buster* acudía en mi ayuda!

—¿Crees que el señor Goon ha sacado ya tu saco del río? —preguntó Daisy—. ¡Qué berrinche tendrá cuando descubra que está lleno de piedras y ladrillos! ¿No sabe que fuiste tú el que lo echó al agua, verdad?

—No, pero lo adivinará en cuanto vea su contenido —sonrió Fatty—. Al lanzarlo al agua creí que el viejo Goon se echaría tras él.

—¿Tú crees que ha ido a buscarlo ahora? —inquirió Bets—. Lo más seguro es que no lo demore mucho. ¿Por qué no vamos a dar un paseo al río por si acaso anda por allí? Podemos ir en bicicleta.

—Me parece una idea excelente —dijo Daisy—. Hasta ahora sólo te has divertido tú, Fatty. Nosotros también tenemos derecho a pasarlo bien. Me encantaría ver al señor Goon manipulando un bichero y sacando del agua un saco lleno de piedras y ladrillos.

—De acuerdo —accedió Fatty, levantándose—. Por mí, no hay inconveniente. ¡Vamos, *Buster*! ¡En marcha!

Los cinco montaron en sus respectivas bicicletas. Pip y Bets tenían también las suyas en casa de Larry, gracias a que se les había ocurrido utilizarlas para ir allí aquella mañana. Así, pues, emprendieron juntos el descenso de la empinada calle, en dirección al río.

El señor Goon no estaba en el lugar, Fatty avistó

a un viejo barquero amigo suyo pintando un bote ante su tinglado. Tras apoyar su bicicleta en un árbol, el muchacho acercóse a saludarle.

—¡Hola, Spicer! ¿Preparándose para la primavera? Ha hecho mucho frío últimamente, ¿no le parece?

—¡Y que lo digas! —convino el viejo Spicer, sonriendo a los chavales—. ¡Todavía no habéis vuelto al colegio?

—Aún no han empezado las clases —explicó Fatty—. ¿Alquila usted botes ya, Spicer? ¿Podríamos disponer de alguno esta mañana?

—Lo siento, pero sólo dispongo de aquel que veis allí —repuso Spicer, indicando con un ademán un pequeño bote recién pintado, meciéndose junto a la orilla.

—¿Y por qué «no» nos lo alquila? —preguntó Larry, ansioso de dar un buen paseo en bote.

—Porque, a primera hora, me ha telefoneado el polizonte del pueblo diciendo que le reservase uno para esta mañana —respondió Spicer—. ¿Cómo se llama... Moon?

—No, Goon —le corrigió Fatty, guiñando el ojo a los demás.

¡De modo que el policía «pensaba» ir al río, a buscar el saco arrojado por Fatty! ¡Magnífico!

—¡Ah, sí! —exclamó el viejo Spicer, pintando una brillante línea roja con una morena y firme mano—. ¡Goon! Además, quiere un bichero. Al parecer, mis bicheros están muy solicitados esta mañana. Es la segunda persona que me pide uno.

Fatty aguzó los oídos.

—¿Quién es la otra? —inquirió, preguntándose si no sería el señor Fellows.

¡A lo mejor también quería pescar un saco!

—No sé —replicó Spicer—, un individuo alto y moreno con una cicatriz en la parte inferior de la mejilla y un ojo estropeado. No le había visto en mi vida, y conste que no tenía muy buena pinta. Me ofreció diez chelines por el préstamo del bichero más largo de mi colección. Dijo que quería buscar ciertas variedades de hierbas que crecen en el río por encargo de un botánico.

—Comprendo —murmuró Fatty.

No cabía duda. El sujeto en cuestión no era Fellows. ¿No sería el supuesto ladrón, el intruso que hábilmente indujo a Fellows a huir de su casa con un fardo en la mano?

Capítulo XVI

JUNTO AL RÍO

Los otros cuatro Indagadores se quedaron, asimismo, muy intrigados al oír la declaración del barquero. Tras despedirse de él con una leve inclinación, se alejaron de su cobertizo y, a prudente distancia de allí, Fatty cuchicheó:

—¡Qué raro! ¡No creo una palabra de ese cuento de buscar hierbas en el fondo del río! Vamos a ver si localizamos a ese tipo.

—No vayamos muy lejos —suplicó Bets—. No quiero perderme al señor Goon buscando tu saco, Fatty.

—Bien —accedió Fatty—. Vosotros cuatro quedaos al acecho del señor Goon, y entretanto yo merodearé por el camino de sirga una vez haya preguntado a Spicer adónde se dirigió el otro individuo. Tal vez será preferible que no ande por aquí cuando Goon encuentre el saco y compruebe su contenido. ¡Sería capaz de echarme las piedras y los ladrillos por la cabeza!

El muchacho retrocedió al tinglado para preguntar a Spicer en qué dirección había ido el hombre con el bichero.

—Verá usted, a mí también me interesan mucho las plantas acuáticas —explicó Fatty, sin faltar a la verdad.

Lo cierto es que había muy pocas cosas que «no» le interesasen.

—Se fue por allí —dijo el viejo barquero, señalando la parte ascendente del camino de sirga—. No puede andar muy lejos.

Fatty remontó el sendero, dejando a los demás sentados en un banco del cobertizo de Spicer, desde donde podrían ver fácilmente al señor Goon cuando se dirigiese al bote. Los chicos aguardaban impacientes, en espera de pasar un buen rato.

Fatty recorrió el camino de sirga, buscando con la mirada al hombre descrito por Spicer. No tardó en localizarlo, descendiendo por el sendero. Llevaba un cubo consigo lleno de plantas acuáticas. Por un momento, Fatty se preguntó si aquel hombre no estaría realmente buscando hierbas para un botánico.

Cuando el desconocido llegó a su altura, Fatty se detuvo a preguntarle cortésmente:

—¿Ha encontrado usted algún caracol acuático entre esas hierbas? Quisiera unos pocos para el estanque de mi jardín.

—Entonces, búscalos tú mismo —gruñó el hombre con voz áspera.

Y, volviendo la espalda a Fatty, contempló el agua del río.

—¿Puedo ayudarle? —ofrecióse Fatty—. Sé bastante de plantas acuáticas.

—No me gusta tener chicos alrededor —espetó el hombre, volviéndose, enfurruñado—. Conque no me marees, ¿oyes? ¡Lárgate de aquí!

Pero Fatty no se marchó. Se puso a vagar por las inmediaciones hasta encontrar un grupo de espesos arbustos. Una vez detrás de ellos, se introdujo en el centro de la fronda y apartó unas pocas ramas para atisbar a través de ellas. Dichos arbustos eran bojes perennes y, por tanto, Fatty estaba bien protegido.

Desde allí vio que el hombre volvía la cabeza para comprobar si el chico entrometido seguía a sus espaldas. Pero naturalmente, éste había desaparecido. Entonces, el hombre prosiguió lentamente su camino, mirando el agua al tiempo que andaba. Por fin se detuvo e introdujo el bichero en el agua. Hurgó algo en el fondo y, por último, lo sacó a la superficie. Fatty no pudo menos de sonreír. ¡Era una bota vieja! ¡Vaya! ¡Si el hombre se dedicaba a coleccionarlas, las encontraría a montones en el río!

Pero la vieja bota cayó de nuevo al agua con un rumor de salpicaduras, y el hombre reanudó su camino, echando una mirada circular de cuando en cuando para ver si Fatty seguía vagando por allí cerca.

En un momento dado introdujo de nuevo el bichero en el agua, pero, al parecer, sacó algo que no le satisfizo porque volvió a dejarlo caer inmediatamente. A otra nueva tentativa se hizo con un montón de hierbas, de las cuales metió algunas en el cubo.

—Esto es para disimular, señor de la cicatriz en la mejilla —murmuró Fatty, atisbando a través del arbusto—. ¡Por si acaso alguien te está observando! ¿Crees que el señor Fellows arrojó su tesoro al río, o eres simplemente un trapero deseoso de ganar unos chelines con lo que encuentres por ahí? No, no lo creo. ¡Los traperos no pagan diez chelines por el préstamo de un bichero!

El hombre reanudó su descenso por el camino de sirga. Fatty empezaba a aburrirse. ¿Qué estarían haciendo los demás? ¿Habría llegado ya el señor Goon?

¡Efectivamente! Con gran regocijo por parte de los

cuatro muchachos al acecho y de *Buster*, obligado a permanecer con ellos mientras Fatty efectuaba su gestión, había llegado el señor Goon montado en su bicicleta, a toda velocidad.

—¿Está listo ese bote? —gritó a Spicer, apoyando la bicicleta en un árbol—. Además, necesito el bichero. Dispongo de muy poco tiempo.

—Allí está el bote, señor —le contestó Spicer—. Y también el bichero.

Con un gruñido, Goon se dirigió al flamante barquito y, metiéndose dentro, tomó los remos. El bichero yacía a su lado. A poco de alejarse de la orilla, el hombre empezó a jadear de resultas del esfuerzo de remar.

—Vamos —masculló Larry, poniéndose en pie de un brinco—. Vayamos a vigilar. Creo que lo mejor que puedo hacer es sujetar a *Buster*, no sea que se le ocurra saltar al bote de su enemigo.

—No nos acerquemos mucho hasta que el señor Goon recupere el saco de Fatty con las piedras y los ladrillos —aconsejó Bets—. Limitémonos a pasear por la orilla hasta que saque el fardo.

—De acuerdo —convino Larry.

Así pues, los cuatro chavales, con *Buster* forcejeando en brazos de Larry, vagaron por las inmediaciones del río bajo el sol de enero. El señor Goon no tardó en advertir su presencia.

—¡Otra vez esos chicos! —refunfuñó por lo bajo—. ¡Afortunadamente para él, el gordinflón no está con ellos! ¡No respondo de lo que haría armado con este bichero!

El policía remó hacia el embarcadero, convencido de que le resultaría mucho más fácil hallar el saco desde un bote que desde el propio embarcadero, pues temía perder el equilibrio al inclinarse a hurgar el fondo desde lo alto.

Al llegar al pequeño embarcadero de madera, metió los remos en el bote y, tomando el bichero, atisbó el agua del río con expresión solemne. Reflejada en el líquido vio su propia cara, grande y coloradota. Aguzando la vista, el señor Goon intentó avistar el bulto de un saco bajo las aguas. Pero éstos eran muy profundas en aquel punto y, a pesar de sus esfuerzos, no pudo vislumbrar el fondo.

Entonces el policía levantó los ojos al embarcadero. ¿Desde dónde había echado el saco al agua el viejo sospechoso? ¡Sí! ¡Más o menos desde allí! El señor Goon procedió, pues, a hurgar el fondo en el lugar donde suponía que se hallaba el saco.

Pero sólo sacó plantas acuáticas. Centenares de finas hierbas verdes asomaron a la superficie prendidas en el bichero. El hombre repitió la operación, gruñendo contrariado. ¡Hierbas, hierbas y más hierbas! ¿Dónde estaba el saco? ¡Averiguaría lo que el viejo había metido dentro aunque tuviera que pasarse toda la mañana en el río!

El señor Goon se acaloró mucho con todo aquel forcejeo. De pronto notó que alguien le miraba y levantando la vista, comprobó que eran los chicos. ¡Dichosos críos!, se dijo el hombre, enfurruñándose. ¿Quién les mandaba acudir a mirarle? ¡Parecían mosquitos, siempre zumbando a su alrededor! ¡Lástima que no pudiera ahuyentarlos de una manotada!

¡Cáspita! ¿Qué era aquello? Esta vez su bichero había enganchado algo muy sólido y muy pesado. ¡A buen seguro era el saco del viejo! El señor Goon tiró de él con todas sus fuerzas, entre profusión de jadeos y resoplidos.

Por último, apareció el fardo tan bruscamente, que

el policía por poco fue a parar al agua. Los cuatro espectadores ahogaron una exclamación, guiñándose el ojo el uno al otro. ¡Hurra! ¡El señor Goon había pescado el saco! ¿Qué sucedería ahora?

Los cuatro se encaminaron al embarcadero para ver mejor. A cierta distancia, el hombre de la cicatriz contemplaba también la escena, súbitamente interesado en el proceder del señor Goon. Algo más lejos, a sus espaldas, se hallaba Fatty, presto a precipitarse al cobertizo de Spicer si Goon se encolerizaba demasiado.

De hecho, el policía estaba tan excitado que ni siquiera advirtió la presencia de todos aquellos espectadores. Con grandes esfuerzos, hizó el fardo al interior del bote. Larry lo miró atentamente. Más que un saco parecía una bolsa para meter la ropa de la colada o algo por el estilo. ¿Era el saco de Fatty u otra cosa?

Goon contempló el mojado fardo. Aunque observó que no era un saco, sino una bolsa o talega, el hecho no le preocupó grandemente. Sólo había visto el fardo en la espalda de Fatty a la luz de la Luna y, por tanto, algo vagamente. Pero tanto si se trataba de un saco como de una bolsa, el hombre tenía la absoluta certeza de que el que obraba en su poder era el que el viejo había arrojado al río la noche anterior.

Tras deshacer la cuerda que lo ataba, el señor Goon introdujo la mano en el interior, convencido de que iba a encontrar el botín de varios robos.

Primero palpó una gran piedra, sin duda destinada a hacer de contrapeso. Y luego otra, y otra. Goon las sacó rápidamente y, ¡paf, paf!, las echó todas al agua.

Por entonces los muchachos tenían la convicción de que aquél era, en efecto, el saco de Fatty. ¡No había más que ver las piedras que contenía! Sin embargo, al presente, Goon procedía a hurgar el fondo del fardo. Su rostro cobró una expresión de desconcierto.

¿Qué era aquello que palpaban sus dedos? Parecían prendas suaves y empapadas, o algo semejante.

El hombre sacó una de ellas y, al sacudirla, se quedó estupefacto. ¡Era una chaquetita encarnada! Tras depositarla en el fondo del bote, Goon volvió a meter la mano en la bolsa.

¡Unos pantalones azules, largos, pero extremadamente pequeños para un niño normal! Goon empezó a resoplar. Poco a poco fue sacando más cosas de la talega; un cinturón rojo, una corbata azul, una gorra azul con un botón rojo en el centro, un par de calcetines y, finalmente, unos zapatitos rojos con cordones.

Goon no volvía en sí de su asombro. ¿Qué interés podía tener un viejo en llevar aquellas zarandajas en un saco a altas horas de la noche? ¡Era absolutamente ilógico! ¿Y por qué aquel viejo había mostrado tanto empeño en que él no viera el contenido del saco ni se apoderase del mismo?

Mientras contemplaba aquella colección de diminutas prendas, Goon tuvo una sospecha. Una vez más, el hombre se puso como la púrpura. ¡Aquel chico! ¡Aquel diablo de chico! ¡Probablemente, «se» había disfrazado de viejo! ¡Y le había dado el timo con un saco de vestiditos de muñeco! ¡Porque saltaba a la vista! ¡Eran vestidos de muñeco! Sin duda, aquella chica, Daisy, había tomado también parte en la estratagema, prestándoselos a su amigo y metiéndolos en el saco para inducirle a creer, ¡a él, a Goon!, que el viejo había robado algo y era preciso seguirlo.

—¡Claro! —farfulló Goon, furioso—. ¡Por eso echó a correr como una liebre después de lanzar la bolsa al agua! Ya entonces me llamó la atención la cosa. Ese chico fue el individuo que trabó conversación con los vigilantes, y también el viejo sospechoso. ¿Habráse visto barrabás? Esta vez no se me escapará. ¡Aunque me cueste el empleo, le haré tragar esos chismes!

Goon volvió a meter las prendas en el saco con las manos temblorosas de ira. Se lo comunicaría al jefe. Obligaría a éste a dar su merecido a aquel entrometido gordinflón. Y él, después, iría a quejarse a los señores Trotteville y a decirles lo que pensaba de aquel granuja de su hijo.

Tomando los remos, el policía se alejó del embarcadero sin cesar de gruñir en voz baja. Al verle tan furioso, los cuatro muchachos decidieron ir a advertir a Fatty y, para ello, echaron a correr hacia el camino de sirga.

Fatty les aguardaba sonriente. Como estaba a tanta distancia, no había visto lo que el señor Goon había sacado del fardo, excepto las tres piedras arrojadas al agua. Por consiguiente, suponía que éstas eran parte de las piedras que él mismo había metido en el saco. Mas he aquí que Daisy le gritó con apremio:

—¡Fatty! ¡Goon ha encontrado otro saco diferente del tuyo! ¡Está lleno de prendas de muñeco! ¡Estoy segura de que se imagina que tú las metiste allí para engañarle! ¡Corre, date prisa! ¡Márchate antes de que venga! ¡Está «hecho un basilisco»!

Capítulo XVII

UNA TREMENDA REFRIEGA... Y UN DESCUBRIMIENTO

Fatty escuchó a Daisy sumamente interesado. Era muy raro que alguien echase «prendas de vestir» al río en un saco. Saltaba a la vista que Goon había pescado «otro» fardo.

—Creo que me esconderé en el cobertizo del viejo Spicer —declaró el muchacho—. Me gustaría ver qué hace Goon cuando desembarque, y allí no me descubrirá.

Y, desapareciendo en el espacioso y oscuro cobertizo, se sentó en un bote vuelto al revés. Los otros cuatro siguieron observando a Goon mientras éste se acercaba. El hombre de la cicatriz también le miraba con interés. Había devuelto ya el bichero a su propietario, pero conservaba el cubo de hierbas en la mano.

Goon, aún congestionado de ira, llegó por fin a la orilla y, echando la amarra a un poste, bajó a tierra, en tanto el bote se mecía peligrosamente bajo su peso. Entonces, tomando la bolsa con las mojadas prendas, gritó a los cuatro chicos:

—¿Dónde está ese gordo amigo vuestro? Quiero verle. ¡Tengo algo que decirle!

—¿Qué amigo gordo? —inquirió Larry con un aire inocente.

—¡Sabes perfectamente a quién me refiero! —farfulló el enojado policía, adoptando una expresión si cabe más feroz—. ¡A ese entrometido gordinflón!

El viejo barquero, ocupado aún en pintar su bote, oyó las voces del señor Goon y, señalando el cobertizo, le dijo regocijado:

—Está ahí dentro. ¿Qué piensa usted hacerle, señor Goon?

—¿Ahí dentro? —exclamó el policía, muy complacido—. ¡Ajá! ¡Voy a darle una lección!

Y entró a grandes zancadas en el oscuro cobertizo, dispuesto a salirse con la suya aquella vez. ¡Le haría tragar aquellas prendas a viva fuerza hasta que se ahogara! ¡Así aprendería a no volver a gastarle bromas en el resto de sus días!

Fatty estaba desprevenido. Larry le gritó una advertencia, pero era ya demasiado tarde. Goon cayó sobre el muchacho antes de que éste se diera cuenta.

Acto seguido, el señor Goon procedió a vengarse con todas las de la Ley. Sujetando a Fatty con una garra de hierro, empezó a embutirle en el pecho las empapadas prendas de la bolsa, tras rasgarle el cuello de la camisa sin contemplaciones.

Fatty no podía defenderse. Además, estaba medio asfixiado por la constante presión de la ropa sobre su garganta, aparte de que el señor Goon era muy fuerte y robusto. No obstante, bregó por zafarse de su enemigo hasta que al fin, cayéndose del bote donde estaba sentado, fue a parar al terroso suelo del cobertizo. Una vez más, el señor Goon se abalanzó sobre él.

El pobre Fatty apenas podía respirar bajo el enorme peso del policía, pero éste, sin arredrarse, seguía introduciendo las prendas en el cuello de la camisa; los pantalones, la chaqueta, los calcetines, la gorra, los zapatos, todas, sin faltar una. ¡Goon estaba absolutalutamente dispuesto a castigar a Fatty aquella vez!

Larry y Pip se precipitaron hacia el policía con ánimo de apartarle de Fatty, en tanto que Daisy y Bets le golpeaban la espalda inútilmente, porque el hombre ni siquiera notaba sus puñetazos. Al oír el bullicio, el viejo Spicer entró a ver qué sucedía. Como es de suponer, se detuvo, boquiabierto del asombro, al ver la encarnizada refriega. El hombre del cubo de hierbas acudió a su vez y contempló la escena con marcado interés.

Por último, todo el contenido de la bolsa pasó al pecho del pobre Fatty. Naturalmente, el muchacho se sentía mojado, incómodo, magullado y sin aliento. El señor Goon se levantó, jadeante, sintiéndose satisfecho.

—Por fin he podido darte tu merecido —resolló el hombre—. ¡Llevaba mucho tiempo esperando esta ocasión! ¡Y ahora deja ya de meter las narices en lo que no te importa, señor Entrometido! ¿Quién te mandaba llenar ese saco de zarandajas de muñeco para hacerme creer que eras un pícaro viejo cargado de objetos robados? ¡Ya era hora de que alguien «te» ajustara las cuentas!

—¡Señor Goon! —profirió el viejo Spicer, patidifuso—. ¡Recuerde que es usted un policía! ¡No puede conducirse de ese modo, y menos con un muchacho!

—Señor Goon —intervino Fatty, incorporándose y tratando de aparecer lo más digno posible a pesar de las mojadas prendas que le asomaban por el cuello de la camisa—. Atienda usted, señor Goon. Le doy mi palabra de honor de que no le engañé como usted cree.

En mi vida he visto estas prendas. Me debe usted una explicación.

—Te debo una porción de cosas —repuso el señor Goon—. ¡Sí, señor! ¡Muchas cosas! ¡Todo menos una explicación! Metiste estos chismes en un saco para engañarme, y me has hecho perder media mañana en balde. ¡De modo que lo que te ha pasado, lo tenías bien merecido, por granuja! ¡Ahí tienes esas prendas! ¡Y lo que es más, puedes quedarte con ellas... o devolvérselas a esa chica para que vista a sus muñecas!

Y con un solemne resoplido, el señor Goon salió majestuosamente del cobertizo. A poco tropezó con el hombre del cubo.

—Disculpe usted —balbució el desconocido—. Me gustaría saber dónde...

Pero el señor Goon le apartó del paso con un descortés gruñido y prosiguió su camino, más hueco que un pavo. ¡Qué importante se sentía! De haber estado allí el inspector jefe, le habría cantado las cuarenta para dejarle también en su lugar. Lo malo era que no estaba...

—Oh, Fatty! —sollozó Bets, llorosa y asustada—. ¿Te ha lastimado? ¿Estás bien?

—Perfectamente, Bets —aseguróle Fatty, levantándose sin dificultad—. Me siento como una pelota de goma agujereada. ¡Cáspita! ¡Ese Goon es un peso fuerte! Por lo que más quieras, Bets, no llores. Ha sido una pelea estupenda.

—¡Quiá! —gimió Bets—. ¡No es cierto! ¡Detesto al señor Goon! Se lo diré al inspector jefe.

—No, Bets —repuso Fatty, aliviado al comprobar que no tenía ningún hueso roto—. Goon se ha limitado a vengarse de mí por todas las malas pasadas que le he jugado. Ahora se sentirá mejor. Te agradezco que acudieses en mi ayuda, Bets. Vamos, no llores más

—instó, pasando un brazo alrededor de los hombros de la chiquilla—. ¡Eso me trastorna mucho más que la agresión de Goon!

—¡Qué llorona! —intervino Pip en tono cariñoso y fraternal—. Vamos, Bets. No seas mema.

—Déjala en paz, Pip —replicó Fatty—. Tu hermana está realmente asustada... y no me extraña. Goon parecía un energúmeno cuando se abalanzó sobre mí. ¿A quién se le ocurre meterme esas prendas en el cuello de la camisa? ¡Uf! ¡Están chorreando y además huelen que apestan!

—Volvamos a casa y así podrás quitártelas —propuso Larry, advirtiendo que dos o tres niños que regresaban de la escuela les miraban intrigados—. Vamos, Fatty. Allí están nuestras bicicletas.

Spicer se despidió con una sonrisa, dando unas palmaditas a la desconsolada Bets. El hombre de la cicatriz les observaba en silencio. Los colegiales se tocaron con el codo, conteniéndose la risa. Lo cierto es que Fatty ofrecía un aspecto muy particular en aquel momento.

Los Cinco Indagadores montaron en sus bicicletas. Por entonces, Fatty volvía a sentirse dueño de sí mismo, pero Goon le inspiraba más respeto. ¿Cómo se le habría ocurrido hacer semejante cosa? El chico se estremeció al notar unas frías y húmedas hojas escurriéndose por todo el pecho.

Al llegar a casa de Fatty los muchachos se encaminaron al cobertizo. Una vez dentro, cerraron la puerta con llave.

—¿Dónde está *Buster*? —inquirió Fatty, echando una mirada circular—. ¡Ahora recuerdo que no acudió en mi ayuda durante la pelea!

—Se fue con el perdiguero del viejo Spicer —declaró Larry—. Spicer dijo que su perro enseñaría a *Buster* a cazar conejos en los campos inmediatos a la casilla de botes. Así que se fueron los dos, y ya no me acordaba de que existieran. Con todo este jaleo había olvidado por completo a nuestro *Buster.*

—Debiera haber acudido en mi ayuda —gruñó Fatty, algo picado—. Además, lo habría pasado muy bien pegando mordiscos al señor Goon.

—Ya volverá cuando compruebe que, como de costumbre, los conejos no se dejan pillar fácilmente —tranquilizóle Daisy—. ¡Cielos, Fatty! ¡«Qué» mojado estás! Lo mejor es que te quites la chaqueta, la camisa y la camiseta, y te pongas otras secas.

—Ve a buscarme una muda a casa, Larry —rogó Fatty—. Mamá ha salido y nadie te preguntará nada.

Larry desapareció. Fatty procedió a despojarse sucesivamente de la chaqueta, la camisa y la camiseta. Una vez hecho esto, pudo librarse fácilmente de las mojadas y malolientes prendas que Goon le había introducido por el cuello de la camisa.

—¡Caramba, qué alivio! —exclamó Fatty, mirándolas con repugnancia—. ¿Quién debía de ser el estúpido que tuvo la ocurrencia de meter en un saco estas prendas de muñeco y arrojarlas al río con unas piedras de contrapeso? ¡No he visto insensatez más grande en mi vida!

—Voy a echarlas a la basura —decidió Daisy, recogiéndolas—. Es el sitio que les corresponde.

Y tomando los pantalones, la chaqueta, la corbata, los zapatos, los calcetines, el cinturón, la camisa y demás zarandajas, la muchacha salió a echarlo todo al cubo de la basura. Los chicos percibieron el rumor de la tapa y, a poco, Daisy reapareció en el cobertizo.

Larry se presentó también con una muda seca y limpia. En el momento que se disponía a ponérsela, Fatty dijo, meneándose:

—Me parece que aún me queda algo por ahí dentro. Noto una especie de parche frío y mojado sobre el estómago. A lo mejor es un calcetín. Aguardad un momento, a ver si lo pesco.

Y metiéndose la mano por la cintura del pantalón, exclamó:

—¡Ea! ¡Ya está! Es un calcetín encarnado.

Y arrojándolo al suelo, procedió a vestirse rápidamente con la muda seca. Bets se inclinó a recoger la paqueña prenda de lana roja. Estaba fláccida y disforme.

—No es un calcetín —declaró la pequeña—. Es un guante, un guantecito rojo.

Fatty volvió bruscamente la cabeza, con expresión incrédula. Bets se entretenía enderezando los dedos del guantecito.

—¡«Otro» guantecito rojo! —exclamó Fatty, jubiloso, arrebatándoselo de las manos—. ¡La pareja del que tengo en el bolsillo! ¿Dónde está? ¡Fijaos! ¡Son exactos!

Y sacando del bolsillo del pantalón el guantecito rojo hallado en casa del señor Fellows, lo puso al lado del que el señor Goon le había introducido en el pecho. ¡Eran exactamente iguales!

Todos los contemplaron de hito en hito. ¡Qué extraordinaria coincidencia!

—Pero..., ¿qué significa esto? —balbuceó Daisy al fin—. Encontraste ese primer guante en casa del señor Fellows.

—¡Y Goon me metió el otro por el cuello! —profirió Fatty, excitado—. ¡Nos ha facilitado la pista más fantástica que cabe imaginar! ¡Oh, mi querido, mi queridísimo Goon! ¡Casi nos ha resuelto el misterio con su ocurrencia de meterme esas prendas por el gaznate!

Capítulo XVIII

AQUELLA NOCHE

Tras esta singular declaración, sobrevino un silencio. Nadie sabía a qué atenerse. ¿Qué insinuaba Fatty?

—¡Vamos! —mascullo Fatty—. ¡No me miréis con esas caras de bobos! ¿Es posible que no comprendáis lo que esto significa? ¡Significa que la bolsa llena de prendas pescada por el señor Goon es el fardo con que huyó de su casa el señor Fellows para echarlo al río y ponerlo a buen recaudo! ¡El fardo de que el otro individuo quería apoderarse, sabe Dios por qué motivo!

—¿Pero cómo lo sabes? —preguntó Daisy.

—¡Porque recogí uno de los guantes rojos en un rincón del pasillo de la casa de Fellows! —profirió Fatty, impacientemente—. A buen seguro, el hombre lo metió todo en una bolsa para ir a esconderlo en algún sitio y, con las prisas, se le cayó uno de los guantecitos.

—¡Ah! —exclamó Larry—. ¡Ahora «comprendo»! Sí, ese guante rojo que encontraste en la casa demuestra que el fardo del fondo del río es el mismo que se llevó Fellows con tanta precipitación. Pero, Fatty, ¿por qué son tan importantes esas prendas de muñeco?

—Iremos a por ellas y las examinaremos —decidió Fatty—. Anda, Daisy, ve a buscarlas al cubo de la basura. Hemos de inspeccionarlas cuidadosamente para ver si descubrimos «algo» que explique por qué revisten tanta importancia.

Daisy y Larry fueron a buscarlas, pero en el preciso momento que volvían con ellas al cobertizo, oyeron gritar a la cocinera de la señora Trotteville.

—¡Eh, niños! ¿Sabéis que es casi la una y media? Vuestra madre ha telefoneado preguntando por vosotros, y también la señora Hilton. ¡Y el almuerzo del señorito Frederick está servido hace rato!

—¡Uf, qué lata! —refunfuñó Larry—. ¡Justamente cuando íbamos a hacer algo «realmente» emocionante!

—¡En fin, paciencia! —suspiró Fatty, mirando anhelosamente el hato de ropa mojada—. Tendremos que dejarlo para esta tarde. En cualquier caso, todo estará más seco entonces. Lo subiré a mi habitación y lo secaré con la estufa eléctrica.

—¿Nos prometes que no lo examinarás hasta que volvamos? —apremió Bets.

—Os lo prometo —declaró Fatty—. Y ahora marchaos. Confío en que no os den un rapapolvo.

Todos se marcharon presurosamente, temiendo que «no» podrían zafarse de la reprimenda.

No se equivocaron. Dos madres enojadas les aguardaban en la puerta de sus respectivas casas.

—¡Las dos menos cuarto! ¿En qué «estáis» pensando?

Total que, de resultas del retraso, ninguno de los cuatro pudo ir a casa de Fatty aquella tarde. ¡Ni siquiera les permitieron salir de casa! Larry y Daisy permanecieron, desconsolados, en su sala de juego, y Pip y Bets en la suya. Fatty aguardó hasta las tres. Entonces telefoneó, pero no le permitieron ponerse «al habla» con ninguno.

—No debieras haber retenido a Larry y Daisy hasta tan tarde —reconvino la madre de Larry, disgustada.

Fatty se disculpó humildemente.

La señora Hilton se mostró aún más severa. Fatty sintióse si cabe más humillado cuando la dama terminó su filípica. A sus oídos llegó la lejana voz de Bets suplicando a su madre:

—¡Mamá! ¡«Mamá»! ¡Pregúntale a Fatty si ha vuelto *Buster*! ¡Por favor, pregúntaselo!

La señora Hilton la complació.

—Sí —asintió Fatty—. Dígale a Bets que *Buster* regresó hace una hora, cubierto de arena y muerto de hambre. No pienso dejarlo ir más con el perro del viejo Spicer.

La señora Hilton colgó el receptor. Fatty se volvió a mirar a *Buster* que permanecía sentado allí cerca, con las orejas gachas.

—¡Pensar que me abandonaste cuando Goon me atacó! —reconvino Fatty, severamente—. ¡Qué vergüenza de perro! ¡Ir a buscar conejos cuando el amo está en grave peligro! ¡Brrrrrr!

Fatty subió a su habitación y contempló anhelosamente todas las prendas dispuestas ante la estufa. Al presente, se hallaban perfectamente secas. ¡Qué deseos tenía de examinarlas! Pero no, había prometido no tocarlas y no pensaba faltar a su promesa. En consecuencia, metió todas las prendas en un cajón.

El resto del día fue extremadamente aburrido. La investigación del misterio estaría estancada hasta que pudieran acudir los otros a examinar las extrañas prendas. *Buster,* abrumado aún por el sentimiento de culpabilidad, no se movía de un rincón. Para colmo, empezó a llover a cántaros. Y, a medida que pasaban las horas, las contusiones de Fatty iban apareciendo a flor de piel, cada vez más ostensibles. El muchacho las examinó cuidadosamente.

«¡Una buena colección! —se dijo—. ¡Pero no tan grande como quisiera Goon!»

Entretanto, los otros Indagadores seguían encerrados en sus casas, abatidos y enfurruñados. ¡Qué pena tener que permanecer allí en el momento que las cosas se ponían interesantes! Bets y Pip comentaban los acontecimientos.

—¡Qué raro que esas prendas de muñeco fuesen tan importantes como para que alguien penetrara en casa del señor Fellows y lo pusiera todo patas arriba para buscarlas! —exclamó Pip.

—Apuesto a que el señor Fellows irá también al río con un bichero para tratar de recuperarlas —murmuró Bets.

Al mismo tiempo, Daisy decía a Larry.

—Lo curioso es que esas prendas sean de muñeco y no de muñeca.

—¡Qué berrinche tendría Goon si supiera que ha obsequiado a Fatty con una pista tan colosal! —masculló Larry—. No creo que a nadie le hayan metido nunca una pista por el cuello de la camisa. ¡Eso sólo podía ocurrírsele a Goon!

Todos se acostaron temprano. Tanto la madre de Larry como la de Pip seguían enojadas. En cambio, la de Fatty estaba de excelente buen humor. ¡Claro! ¡Ella había comido fuera de casa y no había tenido que esperar a nadie!

No obstante, la señora Trotteville se sorprendió al ver las contusiones de Fatty. Tenía una en la mejilla derecha, otra en la barbilla y otra en la mano izquierda, aparte de las que no podían verse.

—¿Dónde te has hecho todas esas magulladuras? —le preguntó la dama.

—¡Bah! —exclamó Fatty, sin darle importancia—. ¡Jugando por ahí!

E inmediatamente cambió de conversación.

Al igual que sus amigos, se acostó temprano, y estuvo un rato leyendo, con *Buster* a su lado, en el edredón. Perdonado ya sin reserva por su amo, el pequeño terrier se mostraba muy sumiso y pesaroso.

Fatty estaba fatigado sin duda, sufría aún las consecuencias de la gripe. Apagó la luz temprano y se durmió profundamente. Aquella noche, sus padres habían ido a la ciudad, invitados al teatro y a una fiesta particular, y ya no regresarían hasta la una de la madrugada, o acaso más tarde.

A las diez y media, toda la casa se hallaba sumida en la oscuridad, aparte de la lucecita encendida en el vestíbulo. Las dos sirvientas habíanse retirado a descansar y, al igual que *Buster* y Fatty, dormían profundamente.

De pronto, Fatty fue despertado por los sonoros ladridos de *Buster*. «¡Guau, guau, guau»! El muchacho se incorporó sobresaltado, y, encendiendo la luz, comprobó que era la una menos cuarto.

—¡Cállate, *Buster*! —balbuceó Fatty, soñoliento—. ¡Son papá y mamá! ¡No metas ruido! ¡A estas alturas, deberías conocer el motor de nuestro coche!

Pero *Buster* no cejó. Saltando al suelo, siguió ladrando frenéticamente.

—¡Te digo que te calles! —gruñó Fatty, arrojándole un libro—. ¡Son papá y mamá que vuelven! ¿No sabes que han salido? Ven acá, *Buster*.

Sin embargo, el perrito no prestó la menor atención a esta nueva orden de su amo. En vista de ello, Fatty se dijo que, a lo mejor, ocurría algo y, para com-

probarlo, se levantó de la cama, se puso el batín y abrió la puerta. Una voz asustada le gritó:

—¡Señorito Frederick! ¿Es usted? ¿Por qué ladra *Buster*? ¿Hay alguien en la casa?

—Supongo que son mis padres que regresan —murmuró Fatty—. Vuélvase usted a la cama—. *Buster* ha bajado como un rayo, de modo que si ha entrado alguien, puede usted estar segura de que lo ahuyentará.

Buster seguía ladrando frenéticamente en la planta baja. Fatty decidió, pues, explorar el terreno. En el momento que se disponía a bajar, observó que la puerta de la habitación de su madre estaba abierta, dando paso a la luz del pasillo. ¡El aposento aparecía en el más completo desorden!

—¡Cáspita! —exclamó Fatty, encendiendo la luz—. ¡Ladrones! ¡Habrán entrado mientas todos dormíamos a pierna suelta!

Inmediatamente fue a echar un vistazo a la trasalcoba de su padre y a la habitación de huéspedes. En ambas estancias aparecían los cajones y los armarios abiertos y revueltos. Fatty se precipitó abajo. *Buster* se hallaba apostado junto a una ventana abierta de la sala de estar, ladrando furiosamente.

—«Ahora» ya no hay remedio, *Buster* —murmuró Fatty, lanzando una mirada circular a la sala, tan revuelta y desordenada como las habitaciones del piso—. Es inútil que ladres. El ladrón ya ha huido. Probablemente se disponía a entrar en mi habitación cuando tú le oíste y te despertaste. Se fue por la misma ventana por donde entró. ¿Qué se habrá llevado? Supongo que no habrá robado las joyas de mamá.

Un coche ascendió por la calzada. Eran sus padres, de regreso a casa. Fatty lanzó un suspiro de alivio. Ahora tomarían ellos las riendas del asunto.

Los señores Trotteville se quedaron horrorizados al entrar en casa y ver todo aquel desorden en tantas habitaciones. La señora Trotteville se apresuró a comprobar si los ladrones se habían llevado sus joyas, sus pieles o la vajilla de plata. Pero todo estaba intacto.

—¡Qué raro! —exclamó, tras veinte minutos de búsqueda—. Al parecer, no falta «nada», ni siquiera el collar de perlas que me dejé encima del tocador. ¿A qué vino ese ladrón?

¡De pronto, Fatty lo comprendió todo! Sin duda, el intruso que había entrado en su casa era el mismo que registró la del señor Fellows. ¡Y buscando la misma cosa..., los vestidos de muñeco! Pero, ¿por qué..., por qué... por qué?

Fatty subió en volandas a su habitación para ver si las prendas seguían intactas. Sí, estaban en el cajón donde las había metido. ¡Qué suerte no haberlas puesto a secar en la cocina como se proponía al principio! ¡Si las había subido a su habitación era simplemente para evitar preguntas embarazosas respecto a ellas!

Pero, ¿cómo sabía el ladrón que, al presente, las citadas prendas estaban en casa de Fatty? El muchacho no tardó en comprenderlo. ¡El hombre de la cicatriz había presenciado la escena desarrollada en la casilla de botes! ¡Había visto al señor Goon metiendo las mojadas prendas en el pecho de Fatty! ¡Él también había estado buscándolas aquella mañana, pero el policía se le adelantó... y se las endosó a Fatty!

¡Qué coraje debía de haber sentido el hombre de la cicatriz al ver que lo que tanto deseaba iba a parar al pecho de un muchacho! Seguramente, había preguntado al viejo Spicer quién era Fatty y dónde vivía, y aquella noche se había dirigido a su casa para tratar de apoderarse de las prendas.

Fatty las contempló sin sacarlas del cajón.

—No cabe duda que son extraordinariamente valiosas —dijo solemnemente—. Tal vez mañana lo averiguaremos.

Luego oyó que su madre preguntaba a su padre:

—¿Vas a telefonear a la policía?

—No —repuso la voz de su padre—. ¡No quiero que ese badulaque de policía meta los pies en mi casa a altas horas de la noche! Al parecer, no falta nada. ¡De modo que dejaremos dormir en paz al señor Goon!

—¡Gracias, Dios mío! —exclamó Fatty, metiéndose en la cama—. ¡No me habría hecho ni pizca de gracia volver a ver al señor Goon esta noche!

Capítulo XIX

EXAMINANDO LAS PRENDAS

Con gran alivio de Fatty, al día siguiente su padre decidió no informar al señor Goon de la tentativa de robo en su domicilio. El señor Trotteville no tenía en gran concepto al señor Goon y no estaba dispuesto a perder la mañana con él.

—Formularía preguntas estúpidas y nos haría perder el tiempo a todos —declaró el padre de Fatty—. Lo mejor es que mandes poner pestillos nuevos en todas las ventanas, querida, y otro cerrojo en la puerta anterior y en la trasera. Tampoco estaría de más que *Buster* durmiera abajo unos días.

No obstante, *Buster* tenía otros puntos de vista. Había oído sugerencias parecidas en anteriores ocasiones, pero por mucho que le obligasen a meterse en una cesta en el vestíbulo para vigilar, al día siguiente le hallarían invariablemente durmiendo en la cama de Fatty. Como decía el señor Trotteville, era extraordinaria la habilidad de *Buster* para deslizarse a través de la puerta cerrada.

Fatty telefoneó a sus amigos.

—Venid en cuanto podáis —les dijo—. Hay novedades. Esta noche nos han visitado los ladrones. No, que yo sepa, no se han llevado nada. *Buster* los ahuyentó. Daos prisa.

Los cinco muchachos se reunieron en el cobertizo situado al fondo del jardín. Al bajar las prendas allí, Fatty se puso en guardia por si aparecía el hombre de las plantas acuáticas. ¡No le habría sorprendido en absoluto verle surgir de detrás de un árbol para abalanzarse sobre él! Afortunadamente, *Buster* abrió la marcha muy satisfecho y no hubo ningún contratiempo. Así, pues, Fatty se hallaba cómodamente instalado en el cobertizo cuando los otros llamaron a la puerta.

Una vez dentro todos, Fatty cerró la puerta con llave, corrió las cortinas de las ventanas y encendió el pequeño quinqué de aceite para no estar completamente a oscuras.

—¿A qué viene todo ese misterio? —inquirió Daisy, sorprendida—. ¿Piensas celebrar una sesión de espiritismo?

—No —replicó Fatty—, pero apuesto a que el hombre de las hierbas no anda lejos de aquí, y no me interesa que atisbe por la ventana mientras examinamos estas prendas. Está ansioso por apoderarse de ellas. Ha penetrado ya en dos casas para robarlas. No quisiera tener que dárselas encañonado por una pistola.

—¡Cielos, Fatty, qué cosas dices! —exclamó Bets.

—No temas, Bets —tranquilizóla el muchacho—. No pasará nada. Y ahora, antes de empezar, ¿quiere alguno de vosotros ver mis cardenales? Tengo verdaderas preciosidades.

Todos quisieron verlos y, en efecto, eran magníficos. Fatty solía amoratarse con facilidad y estaba siempre dispuesto a exhibir sus trofeos.

—Y ahora pasemos a las prendas —dijo al fin, sacándolas de la caja donde las había metido—. Aguzad la vista, porque es evidente que contienen algo que no debe pasarnos por alto. ¡Primero, los pantalones!

El muchacho extendió los pantalones azules. Eran largos, con botoncitos en la cintura.

—No tienen bolsillos —observó Fatty—. ¿No llevan nunca bolsillos los vestidos de muñeco, Bets?

—¡Oh, sí, a veces! —respondió Bets—. ¡Qué bonitos son! ¡Cualquier muñeco estaría lindísimo con ellos! Déjamelos ver, Fatty.

Bets los volvió del revés, pero, al parecer, no presentaban ningún detalle revelador. Eran simplemente unos pantalones con botones. Bets se lo pasó a los demás y, al fin, Fatty los depositó a un lado.

—Aquí está el cinturón rojo —prosiguió el muchacho pasándolo a los demás—. No tiene nada de particular. Lleva una pequeña hebilla de latón, un poco oxidada, sin duda debido al agua del río.

Todos lo examinaron detenidamente. Luego, llególes el turno a los calcetines, los cuales fueron, asimismo, vueltos del revés. Bets buscó un nombre en ellos, sin resultado.

—Los muñecos no tienen ropa marcada, boba —espetó Pip cuando Bets explicó por qué examinaba tan a fondo los calcetines.

—Los míos, sí —aseguró Bets—. Mamá me prestó una cintilla y tinta de marcar, y marqué todas las prendas de mi muñeca grande con su nombre, Pamela María. ¡Oye! ¿Por qué te ríes de mí? ¡Al fin y al cabo, también ponen nombres a las locomotoras! Por ejemplo: «El Escocés Volante» (1), «El Volador Nocturno», «El...»

—¡Ea, Bets! —le interrumpió su hermano—. ¡Ya

(1) Nombre dado a un expreso de la línea Londres-Edimburgo. *(N. del T.)*

basta! A ver esos zapatos, Fatty. ¡Cáscaras! ¡Qué pequeños son!

—Pequeños para un niño, pero grandes para un muñeco —observó Fatty—. De todos modos, son muy bonitos, fuertes y bien hechos, al revés de los zapatos de muñeco corrientes. Además, tienen cordones de verdad.

—¿«No cabe la posibilidad» de que estas prendas pertenecieran a un niño enano? —sugirió Larry.

—Sí, supongo que sí —asintió Fatty—. Pero lo que no comprendo es por qué son tan importantes, prescindiendo de que pertenezcan a un niño o a un muñeco. ¿Cómo es posible que tengan tanto valor como para que una persona se exponga a entrar en dos casas a buscarlas?

Bets deshizo los cordones y luego volvió a atarlos. Eran en verdad unos zapatitos lindísimos. La niña mostró uno a *Buster*. El perrito lo olfateó.

—¿De quién es este zapato, *Buster*? —inquirió Bets—. ¡Anda, dínoslo! Seguramente puedes adivinarlo por el olor. ¿De quién es este olor?

—¡Guau! —ladró *Buster*, dándole al zapato con la pata. Bets lo apartó, pero *Buster*, arrebatándoselo de la mano, se lo llevó en la boca a un rincón y se sentó triunfalmente sobre él, como diciendo: «Ahora es mío.»

—Tráelo aquí, *Buster* —instó Bets—. ¡Es nuestro!

Pero *Buster*, tomándolo de nuevo en la boca, echó a correr por el cobertizo buscando un escondrijo. Aquella mañana estaba muy juguetón y se había llevado ya el pañuelo de Daisy y el lápiz de Fatty.

—No le hagas caso —dijo Fatty a la chiquilla—. Le ha dado uno de sus arrebatos de fanfarronería. Probablemente se siente muy importante porque anoche asustó a un ladrón. Está bien, *Buster*, si tanto lo deseas, pórtate como necio. ¡Mirad! ¡Aquí está la chaqueta, con su cuello y sus botones!

La prenda fue, asimismo, sometida a un minucioso examen. Fatty pasó las manos por el forro, por si acaso había algo de valor escondido dentro. Pero sus dedos no palparon nada.

Todos imitaron su ejemplo, solemnemente. Era una chaquetita muy bien hecha de género excelente, fuerte y muy poco usada.

—Cuanto más miro estas prendas, más desconcertado me siento —confesó Fatty—. ¿A quién pertenecían y por qué fueron robadas? Porque me figuro que «fueron» robadas...

—¿Por quién? ¿por el señor Fellows? —inquirió Larry—. Pero, ¿cómo sabes que él las robó?

—Porque, si no lo hizo, ¿por qué las tenía en su poder y por qué las escondió? —razonó Fatty—. Lo que me choca es que, al parecer, sean tan importantes. Fijaos, aquí está la corbata... y la gorra. Por cierto que ésta es muy bonita. ¡Qué monería de gorra!

Y se la puso en su gran cabeza con un cómico ademán.

—Estás feísimo, Fatty —exclamó Bets, riendo—. Anda, quítatela.

—Más feo que de costumbre —soltó Pip.

Fatty le contestó con un puñetazo, y *Buster*, siempre presto a entrar en acción, se arrojó sobre los dos muchachos.

—¿Dónde está ese zapato? —preguntó Fatty, severamente, rechazando al perrito—. Hasta que no nos lo devuelvas, no te volveremos a admitir en el círculo familiar. ¿Y qué has hecho de mi lápiz? Si le has roído la punta, considera que has comido, porque no probarás ni un bocado más.

Buster se retiró a su rincón, con la lengua afuera.

Bets se dijo que el pequeño terrier estaba encantador cuando le daba una de aquellas rachas de fanfarria.

—¿Éstas son todas las prendas? —interrogó Daisy, examinando minuciosamente la gorra cuando Fatty la pasó de mano en mano—. No veo que tengan nada de particular, excepto que son más fuertes y mejor hechas que los vestidos de muñeco corriente. No acierto a comprender por qué son tan importantes.

—Ni yo tampoco —convino Fatty, mirándolas sombríamente—. Pero no cabe duda que lo son. No me importaría ni en lo más mínimo que Goon me las hubiera metido por el cuello si resultaran ser realmente interesantes y nos ayudaran a desentrañar este raro misterio. Aunque empiezo a creer que quizá hemos hecho una montaña de todo esto y no hay misterio que valga.

—En fin —murmuró Bets—. Sólo nos quedan dos o tres días para resolverlo. No podría «soportar» volver al colegio sin saber la solución de este pequeño enigma. ¿Crees que deberíamos devolver estas prendas al señor Fellows?

—Pues, sí —respondió Fatty—. Me parece lo más lógico. No se me había ocurrido. Podríamos preguntarle «qué» explicación da a todo este asunto y, a lo mejor, nos enteramos de algo. Se las llevaremos esta tarde. ¡Apuesto a que se sorprenderá al verlas! Probablemente se figura que siguen intactas en el fondo del río.

—«Ojalá» hubiésemos encontrado alguna pista escondida en ellas —suspiró Bets—. Estoy segura de que tienen alguna. Déjamelas examinar de nuevo, Fatty, antes de recogerlas.

—¿Y crees que vas a poder descubrir lo que entre

los cinco no hemos logrado ver? —gruñó Pip, despectivamente—. ¡Qué ilusiones!

—Siempre es aconsejable llevar a cabo otra comprobación si uno lo juzga necesario —defendió Fatty, tendiendo las prendas a Bets—. Ahí están todas, Bets, excepto el zapato que se ha llevado *Buster*. ¡Eh, *Buster*! ¡Trae acá ese zapato, so gamberro!

Pero antes de que *Buster* pudiera hacer lo que le ordenaba su amo, Bets lanzó una exclamación tan estrepitosa que todos se sobresaltaron. Mostrando la chaquetita encarnada a sus amigos, la chiquilla farfulló, con ojos brillantes:

—¡Fijaos! ¡Nos había pasado por alto este pañuelito blanco bordado de margaritas! ¡Además, tiene un nombre bordado, muy chiquitín!

—¿Dónde estaba? —inquirió Fatty, casi arrebatándoselo de las manos.

—Hay un bolsillo muy chiquitito en la bocamanga —declaró Bets, mostrándoselo a los demás—, tan bien escondido que ninguno de nosotros se fijó. Oye, Fatty, ¿qué nombre lleva bordado ese pañuelín?

Fatty lo extendió para que todos los Indagadores pudieran ver las pequeñas margaritas y el nombre bordado alrededor, formando un círculo de letras.

—E-U-R-I-C-L-E-S —deletreó Fatty—. ¡Euricles! ¡Vaya nombre!

—Es la primera vez que lo oigo en mi vida —confesó Larry—. ¿Es griego, verdad?

—Sí, griego —confirmó Fatty—. ¡Aguardad un momento! Ese nombre me suena. ¿Quién era Euricles? ¡Sí, ya recuerdo! ¡«Euricles»! ¡Naturalmente, ahora recuerdo! ¡Cielos, qué pista!

Capítulo XX

EL SEÑOR EURICLES... Y UNA CONVERSACIÓN CON GOON

—Atended —empezó Fatty—. Euricles era un griego que vivió hace muchos siglos. Pero su fama ha perdurado a través de los tiempos porque tenía un don especial. ¡Era ventrílocuo! Mostró tal maestría en ese arte que aún hoy día se le recuerda, y tuvo docenas de discípulos.

—Pensé que todos los ventrílocuos pertenecían a los tiempos modernos —balbució Daisy, pasmada—, esto es, que la ventriloquia era una cosa de un siglo a esta parte.

—¡Quiá! —repuso Fatty—. Es un arte muy antiguo. Era muy conocido en Grecia y lo han practicado todos los pueblos, incluso los zulús y los esquimales. Y Euricles, el griego, era un excelente ventrílocuo. Leí su vida en un libro cuando aprendí solo a proyectar mi voz a distancia.

—Todo esto está muy bien —aprobó Daisy—. Pero, ¿por qué este pañuelo de muñeco ostenta el nombre de un antiguo ventrílocuo griego, y por qué consideras importante este detalle? Francamente, no lo comprendo, Fatty. Explícate.

—Escuchadme bien —prosiguió Fatty, emocionado—. Los nombres bordados en los pañuelos suelen corresponder a los de sus respectivos propietarios, ¿no es eso? Pues bien, una de las dos, o la persona que poseía ese pañuelo y llevaba esas prendas se llamaba Euricles, ¡o bien pertenecen a un artista que no puede ser más que ventrílocuo, y el propietario de esas prendas, su muñeco parlante!

Los otros siguieron estas explicaciones con interés y, al fin de ellas, Pip exclamó:

—¡Naturalmente! ¡Salta a la vista! ¿Cómo no se nos ocurrió? Esas prendas eran de un muñeco grande perteneciente a un ventrílocuo. Por eso son algo más pequeñas que las de un niño y demasiado grandes para un muñeco corriente. Y eso explica también que estén tan bien hechas.

—En efecto —asintió Fatty, alborozado—. Además, aseguraría que ese muñeco pertenece a alguien cuyo nombre artístico es señor Euricles, como el antiguo ventrílocuo griego. ¡Por fin lo veo claro!

—Pues yo no lo veo tan claro —replicó Larry—. Cierto que creemos saber quién llevaba esas prendas y también el nombre del hombre a quien pertenece el muñeco que las llevaba...

—«Que» vivía en la casa «que» construyó Juan —dijo bromeando Daisy, con un cloqueo, remedando el estilo reiterativo de su hermano.

—Bien —continuó Fatty—. Lo único que se impone es buscar al señor Euricles y preguntarle por qué son tan importantes las prendas de su muñeco, por qué las tenía el señor Fellows en su poder, por qué alguien intentó robarlas dos veces, y por qué huyó el señor Fellows con ellas a altas horas de la noche para arrojarlas al río. Una vez el señor Euricles nos haya aclarado todo esto, el misterio quedará resuelto.

—Pero, ¿dónde buscar al señor Euricles? —repuso Pip, tras una pausa—. A lo mejor, necesitaríamos meses para encontrarle, y tenemos que volver al colegio muy pronto.

Sobrevino un silencio lleno de impaciencia, que resultaba aún más profundo en la oscuridad. Tan sólo Fatty mantenía la confianza.

—Telefonearé a la casa donde venden objetos para magos y ventrílocuos y en seguida me dirán si hay un tal señor Euricles —decidió el muchacho.

—Tal vez el señor Fellows nos informaría —sugirió Daisy.

—Es posible —convino Fatty—. Pero también es posible que no lo hiciera. Si robó las prendas al señor Euricles, no creo que fuese muy explícito. Os diré lo que hay que hacer: Esta tarde le llevaremos las prendas y observaremos qué cara pone cuando las vea, y, antes de que vuelva en sí de su sorpresa, le lanzaremos con habilidad unas pocas preguntas.

—De acuerdo —aprobó Larry—. Y ahora guardémoslas hasta que podamos llevarlas. Me ha parecido oír la voz de tu madre en el jardín hace un momento, Fatty, y, si se mete aquí, es capaz de preguntarnos por qué jugamos con estos vestiditos de muñeco.

Fatty los guardó en la caja y luego puso la tapa sobre ésta.

—Mira, aquí está el pañuelo —exclamó Bets, tendiéndoselo—. ¡Qué lindo es! ¿Podría guardármelo en el bolsillo hasta que se lo llevemos todo al señor Fellows, Fatty? Prometo no sonarme con él.

—Sí, guárdalo —accedió Fatty—. ¡Y mi enhorabuena por encontrar el único indicio que nos ha indicado la verdadera solución! ¡Ahora ya llevamos camino de desentrañar el misterio! ¡Buena faena, Bets!

La niña se ruborizó. Cuidadosamente se metió el pañuelo en el bolsillo. ¡Qué «suerte» había tenido de encontrar aquel diminuto bolsillo en la manga de aquella chaquetita roja!

—Propongo que vayamos otra vez a la granja a tomar otra taza de chocolate caliente —sugirió Fatty—. Y unos almendrados, si los tienen recién hechos. De buena gana me comería tres o cuatro.

—Sí, doraditos y crujientes —convino Pip—. A mí también me están entrando ganas de comer uno. Vamos. Tienes ideas geniales, Fatty.

Los cinco salieron del cobertizo, con *Buster* retozando en torno a sus tobillos. Fatty cerró la puerta con llave y, seguido de los demás, se dirigió al portillo del jardín.

Al salir, montaron en sus bicicletas. *Buster* les seguía a pie. Fatty opinaba que le convenía hacer un poco de ejercicio.

—Así eliminará grasas —comentó—. Un terrier gordo es una ofensa para la vista. ¿Oyes, *Buster*?

—¡Guau, guau! —jadeó *Buster*.

—¡Dice que un amo gordo también es una ofensa para la vista! —tradujo Bets con un cloqueo.

Fatty la miró asombrado.

—¡Bets! ¿Sabes que te estás volviendo muy ocurrente... y muy deslenguada?

—Ya sé —respondió Bets con otro cloqueo—. He dicho lo primero que me ha pasado por la cabeza. Lo siento, Fatty. ¡Ten cuidado! ¡Por poco atropellas a *Buster*!

—Ahí está Goon —observó Larry de pronto—. ¡Miradle! ¡Acaba de doblar la esquina en su bicicleta! ¡Ojalá no nos importune!

—¡Probablemente, él confía en que no le importunemos nosotros a «él»! —opinó Fatty, apeándose de su bicicleta y dejándola ante el escaparate de la granja—. Entremos. ¡Huele a almendrados recién hechos!

Al verlos aparecer en la tienda, la mujer menudita encargada de ella les sonrió, complacida. ¡Qué buenos clientes eran! En general, todos los niños solían serlo. ¡Comían el doble que cualquier persona mayor que entraba en su tienda!

—Chocolate a la taza para todos, por favor, y unos almendrados —encargó Fatty, instalándose en una mesa.

—¿Cinco almendrados? —preguntó la tendera, guiñando el ojo.

—¡Quiá! —repuso Fatty, con una sonrisa—. Diez para empezar. Así no pareceremos tan glotones.

—Están recién hechos —advirtió la tendera—. No comáis demasiado.

—¿Trata usted de escatimarnos sus magníficos almendrados? —arguyó Fatty—. ¡Sí que estamos aviados! —insistió—: Traiga diez para empezar.

En aquel momento entró el señor Goon con expresión preocupada.

—¿Te encuentras bien? —preguntó a Fatty, afectando indiferencia.

Fatty lo miró, asombrado.

—¿A qué viene ese súbito interés por mi salud, señor Goon? —preguntó—. ¿Por qué no he de encontrarme bien? Y «usted», ¿cómo anda de salud? A ver, enséñeme la lengua. Diga noventa y nueve, o cincuenta y dos y medio, si lo prefiere.

—A lo mejor está arrepentido de haberse portado tan mal ayer —intervino Bets, inesperadamente, lanzándole una mirada incendiaria—. Es posible que ahora se dé cuenta de que no está bien meter cosas por el cuello de la gente y llenarla de contusiones.

—Tú, calla, pequeña Bets —ordenó Fatty—. Al fin y al cabo, fue una excelente pelea.

El muchacho observaba al señor Goon, desconcertado. No era propio del iracundo policía inquietarse por su proceder para con él. A buen seguro, había algo detrás de todo aquello. Fatty preguntóse qué sería.

El chocolate caliente y los almendrados llegaron al fin. Fatty echó otra ojeada al señor Goon. El hombre permanecía de pie, mirando a su alrededor, como si quisiera decir algo y no supiera cómo empezar. ¿Qué «habría» sucedido?

—¿Cacao caliente, señor, y un bollo o un almendrado? —inquirió la menuda tendera—. Están recién hechos.

—No, gracias..., es decir, sí, creo que tomaré eso —decidió Goon, cambiando entonces súbitamente de opinión.

Y se instaló en la mesa inmediata a la de los chicos. Parecía realmente preocupado.

Los cinco amigos se sentían tan molestos con la presencia del policía, que permanecieron silenciosos. *Buster* estaba atado a la pata de la mesa, pero tampoco él parecía inclinado a hostigar al señor Goon aquella mañana.

De improviso, el policía se aclaró la garganta con un sonoro carraspeo.

—¡Ahora se dispone a hablar! —cuchicheó Pip.

—¡Hum...! ¿Has tenido noticias del inspector jefe Jenks últimamente? —espetó Goon, dirigiéndose a Fatty.

—No —apresuróse a replicar el muchacho—. No sé ni una palabra de él.

Goon pareció al punto inmediatamente aliviado y,

acercando un poco más la silla a la mesa de los chavales, dijo a Fatty:

—Oye, deseo hablarte. En plan amistoso, ¿eh?

—¿Quiere usted decir con eso que no se abalanzará sobre mí para meterme cosas por el cuello y aplastarme como si fuese una apisonadora? —masculló Fatty, hincando el diente a un almendrado—. En una palabra, plan amistoso.

—Pues verás —empezó Goon con la boca llena—. Verás, amigo Frederick...

—Vamos, señor Goon —impacientóse Fatty—. Diga usted lo que tenga que decir. ¡Vive Dios! ¡Qué tartajoso está usted esta mañana!

Bets celebró la salida con un cloqueo. ¡Qué labia tenía Fatty!

—Pues verás —replicó Goon, haciendo un gran esfuerzo para ir al grano—. ¿Recuerdas aquella vez que estuvimos juntos en casa del señor Fellows, la vez que «dijiste» que habías entrado a buscar el gato?

—Sí —asintió Fatty.

—Bien —prosiguió el señor Goon gravemente—, ¿recuerdas que oímos gruñir a un perro y a un cerdo, y gemir a un hombre?

—¿El que suspiraba por su tía? —interrogó Fatty—. Muchas veces me he preguntado si la buena señora acudió, por fin, a consolarlo. Sí, lo recuerdo perfectamente. ¿Por qué? ¿A qué viene esa pregunta?

—Verás —farfulló Goon—. Redacté un informe para el inspector jefe con todos los pormenores, incluso lo del cerdo y lo del hombre que aseguraba que él no había sido y requería la presencia de su tía.

—Ajá. Vamos, déjese de rodeos. ¡Me consume la impaciencia!

—Pues bien —barbotó Goon, cuitado—. Envié el informe. Pero el jefe no cree una palabra de su contenido, ¡ni una sola palabra! Esta mañana, por teléfono, ha mostrado abiertamente su incredulidad. En vista de ello, le he dicho que tú también estabas presente, Frederick, y que lo oíste todo. Le he asegurado que tú fuiste testigo de los hechos, aun cuando ese detalle no constase en absoluto para nada en el informe.

—Ya —murmuró Fatty, comprendiendo al punto no sólo el estado de ánimo de Goon, sino también su súbita ansiedad de estar en buenas relaciones con él—. Y ahora quiere usted que apoye su afirmación, ¿no es eso?

—En efecto —asintió Goon ávidamente—. Al fin y al cabo, tú también oíste todos aquellos ruidos.

—Apuesto a que lo exageró usted todo en su informe —soltó Fatty—. De modo que le apoyaré en los hechos, pero no en las exageraciones, señor Goon. Eso que conste.

—Es posible que me dejara llevar un poco por la imaginación —confesó el policía, tamborileando sus gruesos dedos en la mesa—. No recuerdo bien. Pero el caso es que tú estabas conmigo, Frederick, y oíste voces, ¿no es eso?

—De acuerdo, señor Goon —mascculló Fatty, enojado—. Pero no comprendo por qué tenía usted que escribir un cuento de hadas acerca de aquellos insignificantes incidentes acaecidos en casa del señor Fellows.

El muchacho empezaba a sentirse francamente molesto. ¿Qué sucedería si el inspector exigía explicaciones detalladas? Fatty pasaría un mal rato de pura humillación. Su única esperanza era que no volviese a salir a relucir aquel asunto.

—Gracias, amigo Frederick —murmuró Goon con un suspiro de alivio—. Cierto que hemos tenido nuestras diferencias y que nos hemos insultado sin motivo, pero sabía que podía confiar en ti para apoyar la verdad. Te lo agradezco.

Dicho esto, el hombre pagó la cuenta y se levantó para marcharse. En aquel preciso instante, una vocecilla procedente de un rincón de la sala gimió débilmente:

—¡Yo no he sido, no, no he sido! ¡Yo no he sido...!

Pero el señor Goon había desaparecido... desaparecido como una liebre perseguida por los sabuesos. Tras lanzar una horrorizada ojeada al rincón, salió de la tienda como alma que lleva el diablo. ¿No sería víctima de alucinaciones? ¡Aquella voz, aquella horrible voz!

Capítulo XXI

UN TERRIBLE SOBRESALTO

Sobrevino un silencio. Todos estaban sobrecogidos. ¡Aquella voz se había dejado oír tan inesperadamente y resultaba tan patética! Pip fue el primero en reaccionar.

—¡Cáscaras! —exclamó, dando una fuerte puñada a Fatty—. ¡Qué susto me has dado! ¡Ya podías habernos avisado antes de hacer eso, señor Euricles!

—Yo me he tragado medio almendrado de una vez —se lamentó Larry—. ¡Por poco me haces atragantar!

—¡Oh, Fatty! —profirió Bets—. ¿«Cómo» te las arreglas para hacer eso? ¡El pobre señor Goon ha salido disparado! Sin duda, se ha desconcertado. No esperaba oír eso ahora.

—Le está muy bien empleado —gruñó Fatty—. ¿A quién se le ocurre escribir un estúpido informe sobre cerdos, perros y hombres quejumbrosos? Todo eso carecía de importancia. Apuesto a que, además, recargó las tintas, añadiendo detalles imaginarios sobre el pataleo de las patas del cerdo y el rumor de un hombre herido arrastrándose por el suelo. ¡Le conozco!

—Lo malo es que, como le ha dicho al jefe que tú estabas allí, serás preguntado sobre la cuestión —sugirió Bets—. En este caso, ¿qué piensas decirle al jefe? ¿Confesarás que fuiste tú el autor de las voces?

—No tengo idea —mascculló Fatty con expresión sombría—. ¡Todo por culpa de ese Goon! Aseguraría que estaba preocupado ante el temor de que me negase a confirmar su ridícula historia. Pero, por desgracia, tendré que hacerlo.

—¿Otro almendrado, Fatty? —sugirió Pip—. Sobra uno.

—No, gracias —repuso Fatty—. Esto me ha quitado el apetito.

—Recuerdo que te has comido cuatro o cinco piezas y que, por tanto, es natural que ya no tengas apetito —observó Larry—. ¿Quieres terminártelo tú, Pip?

Lo sorprendente era que nadie lo quería.

—Se lo daré a *Buster* —decidió Pip—. Ha estado muy quietecito y se ha portado estupendamente.

Buster se mostró sorprendido y emocionado, y, en menos que canta un gallo... se tragó el almendrado.

—¡Qué lástima de almendrado! —lamentóse Pip, dirigiéndose al perrito—. ¿A quién se le ocurre no masticarlo? Vosotros, los perros, todavía no habéis aprendido el arte de comer. ¿Verdad que se ha portado bien con Goon esta mañana, Fatty?

—Sí —refunfuñó Fatty, aún enojado—. Seguramente ha intuido que Goon necesitaba consuelo, y quería que alguien le tomase la mano, diciendo: «Vamos, vamos, anímese.» ¿Será que te has vuelto compasivo, *Buster*? ¡Bah, sensiblerías!

Todos se levantaron y fueron por sus bicicletas. Fatty pagó la cuenta, muy cuantiosa por cierto, considerando que sólo habían tomado chocolate y almendrados. Con todo, como decía Fatty, era cuestión de aprovechar todas las ocasiones porque en el horizonte se perfilaba ya el fantasma del colegio.

Como faltaba aún una hora para el almuerzo, los chicos se dirigieron de nuevo a casa de Fatty.

—De todos modos —advirtió Pip—, hoy «debemos» marcharnos a buena hora, no sea que mamá nos mande a la cama y nos castigue a pan y agua si llegamos tarde otra vez. ¡Qué afortunado eres, Fatty, de no tener una madre tan severa!

—¡Por Dios, Pip, no digas eso! —protestó Bets—. Mamá no es «severa». Lo que ocurre es que le gusta que tengamos disciplina. No cambiaría a nuestra madre por nada.

—Ni yo tampoco, boba —repitió su hermano—. Pero no puedes negar que ayer se puso como una furia. En fin, sea como fuere, el caso es que «tenemos» que irnos temprano.

—Volvamos al cobertizo —propuso Larry—. Ahora recuerdo que me he dejado un libro allí. Es una novela de detectives que no creo que hayas leído, Fatty.

—¡Bah! —exclamó Bets—. Fatty ha leído todas las novelas de detectives habidas y por haber. Es un... ¿Qué haces, Fatty? ¿Qué ocurre?

En el momento que llegaban al cobertizo, Fatty echó la bicicleta al suelo y se precipitó a la puerta, lanzando un grito.

—¡Alguien ha forzado la cerradura! —exclamó, volviéndose rápidamente a sus compañeros—. ¡La puerta está entreabierta! ¡Y acercaos! ¡Echad un «vistazo» ahí dentro!

El muchacho abrió la puerta de par en par. Ante los asombrados ojos de los cinco amigos aparecieron todos los objetos del cobertizo en el más increíble desorden. Todos los «disfraces» de Fatty habían sido arrancados de las perchas y arrojados al suelo. Otro tanto ocurría con los accesorios guardados en el baúl. Las cajas se hallaban vacías y su contenido esparcido por la estancia. Era un espectáculo deprimente, una terrible escena de caos y confusión.

—¡Oh, Fatty! —exclamó Bets, temblando—. ¡Oh, Fatty!

—¡Fijaos! —rugió Fatty—. Ese ladrón ha estado «aquí» aprovechando nuestra ausencia, y lo ha revuelto todo. ¡Es más! ¡Apuesto cualquier cosa a que se ha llevado las prendas del muñeco!

No se equivocaba. Los preciosos vestiditos habían desaparecido. ¡Su mejor pista! La caja donde Fatty los había guardado estaba vacía. ¡Ni siquiera quedaba un calcetín! El ladrón había encontrado al fin lo que con tanta obstinación había estado buscando.

Fatty se sentó en una caja sin poder reprimir un gemido. Aquello era un verdadero golpe para él.

—¿Por qué se nos ocurrió dejar esas prendas aquí? —dijo, casi sollozando—. ¿Por qué no nos las llevamos? Ahora ya no hay nada que hacer. ¡Hemos perdido el tiempo miserablemente! ¡Tanto trabajo para nada!

—Por lo visto no era tu madre la que andaba por el jardín, sino el ladrón —coligió Larry—. ¡Oh, Fatty! ¡Qué revés más grande!

—¡En fin! —suspiró Pip—. Ahora no tendremos ningún pretexto para ir a sonsacar al señor Fellows. No veo ninguna solución. ¿Quién nos mandaba dejar las prendas aquí, a merced del ladrón? ¡Y además nos marchamos, dejándole el campo libre! ¡Qué locos fuimos!

—Peor que locos —gruñó Fatty con profundo desaliento—. ¡Estúpidos! Debiera darme vergüenza ser tan grandísimo zote.

Era inútil perder el tiempo comentándolo. Ya es-

taba hecho. El ladrón se había llevado lo que quería. Fatty percibió un rumor de pasos cerca del cobertizo y fue a ver si era el jardinero.

En efecto. El hombre andaba por allí.

—Oiga usted, Hedges —preguntó Fatty—. ¿Ha visto usted algun desconocido por aquí esta mañana? Ha entrado alguien en mi cobertizo.

—¡Atiza! —farfulló el jardinero—. ¿Qué me dices? ¡Seguramente ha sido aquel tipo de la cicatriz en la mejilla que andaba por aquí! Tenía muy mala facha. Me vi obligado a echarle una vez con cajas destempladas porque le sorprendí en el jardín, pero ahora comprendo que lo que intentaba era robar.

Fatty asintió en silencio y volvió al lado de los demás, muy murrio y alicaído.

—Efectivamente, era el hombre de las hierbas —masculló—. El jardinero afirma que tenía una cicatriz en la mejilla, de modo que no falla: era el individuo que vimos en el río. ¡Qué mala suerte! Nunca me perdonaré esta simpleza.

—Ordenemos un poco todo esto —propuso Bets—. No es justo que te dejemos aquí solo con este «maremágnum». Vamos, Daisy. Yo te iré dando los disfraces de Fatty y tú los colgarás en las perchas.

A poco, todos se afanaban por el lugar, recogiendo trastos. Resultaba una tarea interminable. De pronto, Bets lanzó una exclamación:

—¡Menos mal que me guardé el pañuelo bordado de margaritas, con el nombre de Euricles! Si no, el ladrón también se lo habría llevado con lo demás.

—Puedes guardártelo, Bets. Ya no nos sirve para nada.

La niña prosiguió su tarea, desilusionada y cabizbaja.

—Lo mejor será que metamos todo lo que quepa en

este baúl —sugirió Fatty, al fin, consultando su reloj—. Debéis marcharos. Ya casi es hora de comer.

Así, pues, las últimas brazadas de objetos fueron arrojados confusamente al interior del baúl, y una vez lleno éste, los muchachos le echaron la tapa. Luego, Pip y Bets, y Larry y Daisy, regresaron presurosamente a sus casas.

Fatty se dirigió lentamente hacia la suya, muy deprimido. ¡Pensar que hasta entonces todo había ido tan bien! Al presente, todo cuanto les quedaba de aquella estupenda pista era el diminuto pañuelo bordado con el nombre de Euricles y, en opinión del muchacho, éste no valía para nada. Tampoco merecía la pena tratar de averiguar si había un ventrílocuo llamado señor Euricles. Lo cierto era que Fatty empezaba a estar harto de aquel asunto.

—¡Ah! —exclamó su madre al verle entrar tan cabizbajo—. ¿Eres tú, Frederick? ¡Cielos! ¡Qué aspecto más triste tienes! ¡Vamos, anímate! Esta mañana ha telefoneado un gran amigo tuyo y al ver que no estabas, ha dicho que volvería a telefonearte esta tarde.

—¿Quién era? —preguntó Fatty sin interés.

Probablemente se trataba de alguno de sus compañeros de colegio. ¡Qué lata! Si faltaban tan pocos días para reanudarse las clases, ¿a qué venían aquellas llamadas? El pobre Fatty sentíase realmente abatido.

—Era el inspector jefe Jenks —respondió su madre, segura de que su hijo estaría encantado.

Fatty solía ponerle por las nubes y le profesaba profunda admiración. Por su parte, el jefe conocía a todos los muchachos y en varias ocasiones había acogido con agrado la ayuda prestada por éstos en la aclaración de varios casos misteriosos.

Pero, lejos de satisfacerle, la noticia aún puso más murrio al alicaído Fatty. Ahora tendría que sostener una ardua y penosa conversación telefónica con el jefe, que, si por una parte tenía en un gran concepto las aptitudes detectivescas del muchacho, por otra detestaba algunas de sus bromas. Fatty tuvo la sensación de que las cosas se estaban poniendo peor que nunca.

Durante el almuerzo apenas probó bocado, aunque no sabía a ciencia cierta si su falta de apetito obedecía a su preocupación o al hecho de haber comido demasiados almendrados. Por último, llegó a la conclusión de que eran las dos cosas.

El teléfono sonó inmediatamente después de la comida.

—Es el inspector jefe, Frederick —le dijo su madre—. Encárgate tú de atender a la llamada, ¿quieres?

Fatty obedeció.

—Dígame —murmuró tomando el receptor—. Aquí...

—¿Eres tú, Frederick? —interrumpió una voz—. ¡Magnífico! Deseaba hablarte.

—Encantado, señor —masculló Fatty, faltando en absoluto a la sinceridad.

—Atiende —prosiguió el jefe—. He recibido un informe muy raro de Goon. En el curso de su carrera, me ha mandado muchos informes peregrinos, pero éste bate el récord. Es tan extraordinario que no he podido creerlo. No obstante, al telefonearle sobre el particular, el hombre no sólo me juró que era cierto, sino que aseguró que tú lo confirmarías por haber sido testigo de todo su contenido, aunque ignoro por qué no hizo constar que estabas presente cuando redactó el informe.

—Sí, señor —musitó Fatty, cortésmente.

—Al parecer, Goon fue a inspeccionar a una casa desierta en la cual, según una denuncia, se había perpetrado un robo —declaró el jefe en tono tajante y profesional—. Afirma que allí había un gatito mayando, un perro gruñendo ferozmente, dispuesto, según sus deducciones, a devorarle, y un cerdo, un «cerdo», C-E-R-D-O, pateando en el piso. Francamente, Frederick: me avergüenza citar el texto de este informe.

Fatty no pudo reprimir una sonrisa. Efectivamente, Goon habíase dejado llevar por la imaginación.

—Y como colofón de todo esto, Goon informa que había un hombre herido en la casa, gimiendo y arrastrándose por el suelo, sin cesar de repetir: «Yo no he sido, no, no he sido. ¡Oooooooh, yo no he sido! ¿Dónde está mi tía?» La verdad es que todo esto parece increíble, Frederick.

—En efecto, señor —convino Fatty, tratando de mantener una actitud muy comedida y reservada.

Sobrevino una pausa.

—¿Estás ahí, Frederick? —inquirió el jefe—. Bien, si quieres que te diga la verdad en cuanto Goon me dijo que estabas tú en la casa con él, comprendí que había gato encerrado. Nada de perros, ni cerdos, sino un gato, Federico, un «gato» encerrado. ¿Me comprendes?

—Pues..., sí, creo que sí, señor —farfulló Fatty.

Sucedióse otra pausa. Luego la voz del jefe dejóse oír de nuevo, revestida de un tono más duro:

—Supongo que no me equivoco si creo que tú tuviste algo que ver con esos extraordinarios hechos consignados en el informe.

—Pues, sí, señor —asintió Fatty, deseoso de dar fin de una vez a aquel monólogo.

¡No le gustaba ni pizca escuchar la severa voz del jefe!

—Vamos a ver —inquirió éste—, exactamente, ¿qué intervención tuviste en el asunto? Procura ser un poco más explícito. Frederick. Ya empiezo a cansarme de este estribillo de «sí, señor», «no, señor». Por lo regular tienes mucho que contar.

—Sí, señor —balbuceó Fatty, desesperado—. Verá usted. Estoy haciendo prácticas de ventriloquia, y...

—¡Ah, ventriloquia! —repitió el jefe—. ¡Cielos! No se me había ocurrido semejante cosa. ¡Dios nos asista! ¡«Ventriloquia»! ¿A qué te dedicarás después? ¡Eres una amenaza para la sociedad, Frederick! ¡No encuentro una palabra para expresar todo lo que pienso de ti! ¡Una verdadera amenaza!

—Sí, señor —aprobó Fatty, intuyendo que el jefe no estaba «tan» enojado como pretendía—. Por cierto, señor. Creo que el caso que nos ocupa es un poco misterioso y da la casualidad de que ando tras un ventrílocuo, un hombre llamado «Euricles». ¿Cómo podría localizarle?

Sobrevino un sorprendido silencio.

—¿Has dicho Euricles? —interrogó el jefe con asombro—. ¿Por qué quieres «verle»? Aguarda..., no digas una palabra más por teléfono. Salgo para ahí inmeditamente. ¡No hables con nadie del asunto hasta que yo llegue!

Capítulo XXII

UNA ENTREVISTA EMOCIONANTE

El jefe colgó el receptor. Fatty hizo lo propio, algo aturdido. ¡Qué final más brusco! ¿Por qué se habría sorprendido tanto el jefe? ¿Sabría algo de aquel pequeño «misterio» que la pandilla intentaba resolver? ¿Era posible que supiera algo del señor Euricles?

Todo resultaba sumamente desconcertante. Fatty se frotó la nariz. No le seducía en absoluto la idea de ver al inspector jefe Jenks aquella tarde. De hecho, no le interesaba que se removiera la cuestión de los perros, los cerdos y los hombres quejumbrosos. Y lo más probable era que la cosa volviese a salir a relucir.

La señora Trotteville sentía curiosidad por saber sobre qué había versado la conversación, pues le intrigaba aquello de la ventriloquia, llegado a sus oídos a través de las voces de Fatty. Así, pues, inquirió:

—¿Qué es eso de la ventriloquia, Frederick? ¿Es verdad que ahora te dedicas a practicarla? No me gusta esa afición. Supongo que eso explica todos los ruidos raros procedentes de tu habitación cuando estás solo arriba.

—Sí, mamá —confirmó Fatty—. Pero no te incomodes ni te enojes por ello. Pronto volveré al colegio y entonces se restablecerá la paz en esta casa. A propósito... el... el inspector jefe va a venir a verme esta tarde. ¿Te importaría que llamase a mis cuatro amigos? Les encantará verle, especialmente a Bets.

—De acuerdo, si quieres, diles que vengan —aprobó su madre—. Pero, Frederick, confío en que todo esto no significa que os habéis vuelto a mezclar en asuntos que no os conciernen. No quisiera que hubieses metido a tus amigos en otro lío estas vacaciones.

—¡Yo «nunca» les he metido en ningún lío! —protestó Fatty, indignado—. ¿Cómo puedes decir eso, mamá? ¡Si hasta el inspector me ha dicho más de cuatro veces que...!

—Está bien, Frederick —le interrumpió su madre—. No pienso discutir contigo. Telefonea a tus amigos y pregúntales si quieren venir a merendar. Hoy tenemos una nueva hornada de pasteles y he traído unos almendrados de la lechería. No has comido ninguno hace tiempo.

«¡No tanto como te figuras!», pensó Fatty, satisfecho ante la idea de tomar unos pocos más aquella tarde.

El muchacho fue a telefonear a los demás, pero, recordando la recomendación del jefe de «no hablar con nadie del asunto», no aludió para nada a la inesperada visita del policía, aun cuando ardía en deseos de decírselo a Bets, pues la chiquilla sentía profundo afecto por el «gran jefazo», como solía llamarle.

—¡Lástima que tengamos que decir al jefe que fuimos lo suficientemente estúpidos para dejar las prendas a merced del ladrón en el cobertizo! —se dijo Fatty—. ¡Eso no constituirá, ni mucho menos, un tanto a mi favor! No comprendo cómo pude ser tan torpe. Lo malo es que la cosa ya no tiene remedio.

El jefe fue el primero en llegar, en su gran coche negro y reluciente, conducido por un chófer policía. Y, cosa inusitada, venía acompañado de un hombre de aspecto distinguido, vestido de paisano.

Fatty se hallaba ya en la puerta cuando el coche se detuvo ante la misma, tras ascender por la calzada. Naturalmente, el muchacho acogió al jefe con verdadera satisfacción. El otro, corpulento y apuesto desconocido le dirigió una sonrisa.

—¿Cómo estás, Amenaza? —espetó el jefe—. ¡Me dan ganas de retirarte la confianza y no tener más tratos contigo!

Luego, volviéndose a su alto y silencioso acompañante, explicó:

—Señor, éste es el chico de quien le hablé. Es el terror de la policía local, pero en ocasiones, me ha sido muy útil. Es un muchacho formal y responsable, de modo que puede usted decirle lo que guste. Le presento a Frederick Trotteville.

Fatty le estrechó la mano, solemnemente, advirtiendo que el jefe no le decía, a su vez, el nombre del alto desconocido. Sin duda se trataba de un gran personaje, probablemente del Servicio Secreto o de Scotland Yard. En cualquier caso, parecía muy poco locuaz. Fatty le miró, algo atemorizado.

Los tres entraron al saloncito, caldeado con un magnífico fuego. La señora Trotteville había salido a jugar al «bridge» con unas amigas, con gran alivio por parte de Fatty, muy poco partidario de que su madre se hallase presente si había que ventilar sus aventuras con Goon.

Una vez instalados en la sala, el jefe, yendo directo al grano como de costumbre, inquirió:

—En primer lugar, Federico, ¿qué sabes del señor Euricles?

—Poca cosa —contestó Fatty—. Creo que lo mejor será que se lo cuente a usted todo desde el principio, señor. Así se hará usted cargo de cómo nos enteramos de la existencia del señor Euricles. Es una historia un poco rara, pero resulta interesante.

—Vamos, desembucha —apremió el jefe—. Somos todo oídos. Es posible que tome unas notas mientras relatas tu historia, pero eso no debe preocuparte. Conque, adelante.

En el momento que comenzaba su relato, Fatty oyó el estridente timbre de cuatro bicicletas. *Buster* se puso a ladrar, intentando abrir la puerta con la pata.

—Son mis amigos, señor —disculpóse Fatty—. ¿Tiene usted inconveniente en que estén presentes en la conversación? Al fin y al cabo, han participado en la aventura.

—Diles que pasen —accedió el jefe.

Fatty dirigióse a la ventana y, levantándola, les gritó:

—¡Eh, vosotros! ¡Venid acá! ¡De prisa!

Tras aparcar sus bicicletas, los chicos se precipitaron a la puerta principal. ¿Qué sucedía? Al irrumpir en el saloncito, se detuvieron, sorprendidos. ¿Qué hacía allí su viejo amigo, el inspector jefe Jenks, tan alto y robusto como siempre, con su jovial semblante iluminado por una amplia sonrisa?

Bets se arrojó sobre él, y el policía, como de costumbre la levantó en brazos, con gran regocijo de la chiquilla. Los otros se agolparon a su alrededor. ¡Qué estupendo volver a ver al jefe… y qué emocionante! ¿A qué obedecía su visita?

El señor alto y silencioso se levantó también, sonriente. Parecía muy divertido con todo aquello. El jefe le presentó a los cuatro recién llegados, uno por uno. Pero, al igual que antes, no reveló el nombre del desconocido. Éste se mostró muy cortés, y sus sagaces ojos oscuros escrutaron sucesivamente las cuatro caritas. Fatty intuyó que a aquella mirada no le pasaba gran cosa por alto.

—¿Por qué ha venido usted? —inquirió Bets—. ¡Supongo que no ha venido sólo para «vernos»!

—He venido porque barrunto que tenéis algo que contarme que me ayudará a resolver un problema —declaró el jefe—. Frederick se disponía a relatármelo en el momento que habéis llegado. Sentaos y lo escucharemos.

Todos tomaron asiento, Bets lo hizo lo más cerca posible del gran jefe. Fatty comenzó de nuevo su historia.

Explicó el robo en casa del señor Fellows y la denuncia del lechero. Y al referir que, en vista de que la villa estaba tan próxima a la de Larry, habían ido los cinco a echar un vistazo, el jefe comentó:

—Y supongo que encontraste un pretexto para meterte dentro, ¿no, Frederick?

—Verá usted —reconvino Fatty, sonriendo—. Había un gatito abandonado. Y mientras lo buscaba se presentó el señor Goon.

—Comprendo. Y entonces el perro, el cerdo y el hombre quejumbroso dieron señales de vida, ¿no es eso? Bien, no entremos en detalles. Ya me dio bastantes Goon. Además, conozco este episodio. Fui informado de él con pelos y señales. Cuéntame otros pormenores inéditos de tu aventura.

Así, pues, Fatty le puso en antecedentes de la pregunta que, a la sazón, habíase formulado a sí mismo: ¿quién podría haber visto a Fellows por la calle a aquellas horas de la noche? Tras referir sus conversaciones con los vigilantes, el muchacho se dijo que, muy en contra de su voluntad, debía confesar también su caracterización de viejo con un saco y explicar cómo había conducido a Goon al embarcadero y echado el saco de piedras al río.

—Me parece una acción muy reprobable —murmuró el jefe.

—Sí, señor —convino Fatty, apresurándose a cambiar de tema.

Relató luego la ida de los Cinco Indagadores a la orilla del río, en el curso de la mañana siguiente, para ver si Goon recuperaba el saco y observar su reacción al descubrir el engaño. Describió, asimismo, al sospechoso desconocido con el cubo de plantas acuáticas, ante cuya mención el jefe y su silencioso amigo se enderezaron, cambiando una mirada.

—Descríbeme minuciosamente a ese hombre, ¿quieres? —instó el jefe.

Fatty le complació, ayudado por los demás.

—¡Excelente! —elogió el jefe—. ¡Sois muy buenos observadores! ¡No me sorprendería que incluso me dijeseis lo que el individuo en cuestión llevaba en los bolsillos! Ahora, precisemos. ¿Dices que Goon llegó en aquel momento?

—Sí, señor —confirmó Fatty.

Entonces el jefe, sacando un fajo de papeles del bolsillo, eligió uno y procedió a leerlo rápidamente para sí.

—Éste es el informe de Goon de esta mañana —dijo—. Pero está muy confuso y poco detallado. Creo que lo mejor será decirle que venga aquí, aprovechando que ahora llega el momento de su máxima intervención en la historia. Es posible que necesite formularle unas preguntas.

—¿Quiere usted que le telefonee, señor? —ofrecióse Larry al punto.

¡Qué reunión más estupenda! ¡Sólo faltaba Goon para completar el cuadro! ¡Pobre Goon! ¡Qué poco airoso quedaba en tales ocasiones!

El jefe accedió al ofrecimiento de Larry con un silencioso ademán y, tras escribir unas notas, se las pasó al desconocido. Entretanto, Larry se puso inesperadamente al habla con Goon para darle el recado del jefe. A su regreso a la sala, el inspector le preguntó:

—¿Qué ha dicho?

—Pues... poca cosa, señor —contestó el muchacho, algo turbado—. De hecho, se ha limitado a exclamar: «¡Demontre!» Y pare usted de contar.

Todos se rieron. Bets se puso a jugar con *Buster*, pero, apenas transcurridos dos minutos, apareció Goon por el sendero, montado en su bicicleta. Fatty se apresuró a ir a abrirle la puerta y a introducirlo solemnemente en la concurrida salita.

Goon estaba muy nervioso. Ni siquiera había atinado a despojarse de sus pinzas de ciclista ni a cepillarse los restos de comida que deslucían su uniforme. Para colmo, al descubrirse, se le cayó el casco al suelo.

—Siéntese, Goon —invitóle el jefe—. Celebro que haya venido tan de prisa. Verá usted. Frederick nos está contando una historia sumamente interesante, y hemos pensado que debía oírla usted también... aunque sin duda sabe usted gran parte de ella.

Goon se sentó pesadamente, dirigiendo una rápida y suplicante mirada a Fatty. *Buster* empezó, al punto, a retozar en torno a sus tobillos.

—¡Quieto, *Buster*! —ordenó Fatty, severamente—. ¡Todo esto es muy serio!

Y, volviéndose de nuevo al jefe, prosiguió:

—¿Puedo proseguir, señor...? Pues bien, aquella

mañana el señor Goon acudió al río, tal como esperábamos, y, tomando un bote, remó hacia el embarcadero donde yo había arrojado el saco de piedras la noche anterior.

Al oír esto, Goon lanzó un resoplido. Pero nadie le prestó atención.

—El señor Goon encontró un saco —continuó el muchacho—, pero no era el mío... sino otro.

Goon se le quedó mirando, boquiabierto. ¿Qué? ¿Que aquél «no era» el saco del chico? Entonces, ¿de quién podría ser?

—El señor Goon abrió el saco y se encontró con que estaba lleno de algo muy peculiar. Contenía prendas, señor, vestiditos de muñeco: chaqueta, pantalones, cinturón, corbata, calcetines... y un guante que emparejaba con el que, como le he dicho, encontré en la villa del señor Fellows. Esto nos hizo suponer que el saco en cuestión era el que había escondido el propio Fellows en el río, en vista de lo cual nos llevamos las prendas a casa.

—Aguarda un momento —interrumpió el jefe, desconcertado—. ¿Cómo se explica que esas prendas estuvieran en vuestro poder? ¿No acabas de decir que «Goon» fue el que las encontró en el saco?

—Bien —farfulló Fatty, con evidente turbación—, pues verá usted, el... el señor Goon me las «dio», señor. ¡Todas sin faltar una! ¿Se sorprende usted? ¡Pues figúrese lo que me sorprendí yo!

Capítulo XXIII

UNA EXTRAÑA HISTORIA

—No lo entiendo —mascull ó el jefe—. ¡Esas prendas eran una pista importantísima! ¡Oiga, Goon! ¿Qué diablos le indujo a entregárselas a Frederick?

El señor Goon tragó saliva, congestionándose por momentos. ¡Aquel chico! ¡Aquel entrometido de chico! ¡Ya se hallaba de nuevo en un apuro por culpa de él! ¡Y lo malo era que no se le ocurría ninguna respuesta!

Pero Bets contestó por él, declarando con indignación:

—¡No se las «entregó»! ¡Se abalanzó sobre él y se las metió todas por el cuello de la camisa, sin tener en cuenta que estaban mojadas y sucias!

—Cállate, Bets —reconvino Fatty, molesto—. Soy yo el que tiene que contestar.

—¡Qué comportamiento más raro, Goon! —exclamó el jefe, pasmado—. ¡Ahora comprendo por qué resultaba tan incongruente su informe! ¿Acostumbra usted a meter cosas por el cuello de la gente cuando está enojado?

—No, señor —repuso Goon, mirando al suelo—. ¿Cómo iba a sospechar que aquellas prendas eran tan importantes, señor? Si hubiese sabido que tenían algo que ver con este caso, no se las habría metido por el cuello. Reconozco que estaba... muy irritado aquella mañana, señor.

—No me importó la pelea —terció Fatty, compadeciéndose del pobre Goon—. De hecho, disfruté de lo lindo. El señor Goon tuvo una gran idea de meterme todas aquellas zarandajas por el cuello de la camisa. ¡Incluso los zapatos!

—¿Zapatos? —profirió el jefe, anotándolo rápidamente en su libreta—. ¿Has dicho «zapatos»? Bien, vamos a dejar ese tema de las prendas y los cuellos, puesto que, al parecer, tanto desagrada a Goon, y a proseguir con la segunda parte de la historia.

Fatty explicó la forma en que habían secado las prendas, la tentativa del robo efectuada en su casa aquella noche, su entrevista con el señor Fellows y las evasivas de éste, y finalmente el examen de que habían hecho objeto a las misteriosas prendas aquella misma mañana y el interesante descubrimiento realizado por Bets.

Goon le escuchaba atentamente. Todo aquello era nuevo para él.

—No encontramos nada interesante, señor —agregó Fatty—. Hasta que la pequeña Bets, aquí presente, encontró un bolsillo oculto en la bocamanga, en cuyo interior había un pañuelo bordado de margaritas, con el nombre que le dije a usted por teléfono, o sea, Euricles. ¿Dónde está ese pañuelo, Bets?

Bets lo exhibió, orgullosamente. El jefe y su amigo lo examinaron en silencio. El señor Goon estaba estupefacto. ¿Qué era todo aquello? ¿A qué venía tanto interés por un pañuelo de muñeco?

—¿Y qué dedujiste de este pañuelo? —inquirió el jefe de policía.

—Primero, reconocí el nombre de Euricles —respondió Fatty.

Por primera vez en el curso de la entrevista, el desconocido se dirigió directamente a Fatty con esta pregunta:

—¿Cómo lo reconociste? Euricles no es un nombre corriente.

—No, ya sé, señor —convino Fatty—. En realidad, «nunca» había conocido a nadie que llevase ese nombre, aun cuando, según mis informes, es posible que haya muchos griegos que lo ostenten. Lo reconocí por... por la sencilla razón de que, como dije al jefe, me dedico un poco a la ventriloquia, y todos los ventrílocuos saben que una vez hubo un griego llamado Euricles, muy famoso en ese arte, según leí en mi libro sobre ventriloquia.

—Es extraordinario —comentó el desconocido, con su suave y pastosa voz—. Y, atando cabos, llegaste a la conclusión de que probablemente las prendas pertenecían al muñeco de un ventrílocuo moderno llamado Euricles.

—En efecto —confirmó Fatty—. La cosa me vino como anillo al dedo, porque, como andaba desorientado con relación a este misterio, me dije que tal vez si lograba averiguar que «de veras» existía un ventrílocuo cuyo nombre artístico coincidiese con el del antiguo griego, podría formularle unas pocas preguntas y, a través de «él», desentrañar este raro misterio. Por eso pregunté al jefe por el teléfono si sabía de alguien llamado Euricles y cómo podría ponerme en contacto con él.

—Comprendo —murmuró el señor desconocido—. Y repito: es extraordinario. Pues bien, muchacho: quizá te interesará saber que, efectivamente, «hay» un ventrílocuo moderno que utiliza ese nombre griego como seudónimo artístico y que esas prendas de que nos has hablado pertenecen a su muñeco. Y a buen seguro también te interesará saber que hemos estado buscando esas prendas por todas partes.

—¿Por qué? —interrogó Fatty, asombrado—. ¡Cáscaras! ¡Cuánta gente hay interesada en esas prendas!

—Ahora, si no tenéis inconveniente, voy a contaros una pequeña historia, a mi vez —propuso el amigo del jefe—. Una historia que debe quedar entre nosotros. Pero impongo esta condición: que no debéis formularme ninguna pregunta respecto a ella, sino aceptarla tal cual os la refiera. Ahora comprenderás, Frederick, por qué mi amigo, el inspector jefe, aquí presente, se sorprendió tanto cuando le hablaste del señor Euricles.

Todo aquello resultaba extraordinario. Todas las miradas permanecían fijas en el apacible desconocido cuando éste, dando comienzo a su historia, se expresó en estos términos:

—Todos vosotros conocéis al inspector jefe y sabéis que yo soy amigo suyo, consagrado a la misma profesión, esto es, a preservar la ley y el orden en nuestro país, a mantenerlo libre de enemigos y asegurarle el disfrute de todo lo justo y razonable.

El policía hizo una pausa. Todos los muchachos le escuchaban solemnemente y Bets se sorprendió a sí misma conteniendo la respiración.

—Pues bien. Nuestro deber es descubrir y vigilar a todo hombre o mujer que trabaje contra nuestro país y sus leyes. Los hay en abundancia, tanto en las esferas elevadas, como en las bajas. Nuestra labor consiste en observar, indagar lo que oímos, y denunciar a toda persona sospechosa de atentar contra el país y sus leyes.

—¿Se refiere usted a los espías? —susurró Bets.

—No sólo a los espías, sino a cualquier hombre o

mujer de mala fe —declaró el señor alto—. El señor Euricles colaboraba con nosotros en este cometido. Era un hábil ventrílocuo e iba a todas partes con «Bobby-Boy», su muñeco parlante. Como frecuentaba toda clase de ambientes sociales, nos facilitaba abundante información. El señor Fellows era su ayudante.

—¡Oh! —exclamó Daisy—. ¿De veras? ¡Ahora me explico «su» intervención en el misterio!

—Cierto día, un amigo del señor Euricles acudió a verle con una lista de nombres —prosiguió el amigo del jefe—. Figuraban en ella nombres del máximo interés para nosotros, nombres de gente entregada a minar las industrias del país, provocando huelgas, sabotajes, en una palabra, toda clase de disturbios para perjudicar a la Gran Bretaña. Además, contenía otras informaciones muy valiosas para nosotros. Así, pues, el señor Euricles metió ese informe en su escondrijo habitual, en las prendas que lucía «Bobby-Boy».

Todos los presentes escuchaban atentamente, en particular el señor Goon.

—Aquella noche el señor Euricles fue secuestrado. Sus secuestradores se llevaron también a «Bobby-Boy», sospechando que la lista de nombres se hallaba escondida en uno de los dos personajes. Pero el ventrílocuo logró arrojar al muñeco por la ventanilla del coche secuestrador.

»Detrás de éste iba uno de nuestros coches policiales, no porque la policía sospechase la presencia del señor Euricles en el primer auto, sino porque sabía que dicho automóvil había sido robado. Cuando el muñeco fue arrojado por la ventanilla, los policías que iban detrás creyeron que se trataba de un niño y, naturalmente, se detuvieron a recogerlo.

»Debido a esto, perdieron de vista al primer coche y regresaron al cuartel. Por entonces, el señor Fellows había denunciado ya el secuestro de su jefe, el ventrílocuo, y, en consecuencia, le fue entregado el muñeco, «Bobby-Boy». Al parecer, sabía que el señor Euricles había escondido algo de valor en sus ropas, pero ignoraba qué. Así, pues, tomó las prendas bajo su custodia, con la esperanza de que su jefe apareciera pronto.

—¡Ah, «ya» comprendo! —profirió Daisy—. ¡Y entonces los secuestradores, viendo que el señor Euricles no llevaba la lista encima, supusieron que ésta se hallaba en las prendas del muñeco y no han cesado de buscarla desde entonces!

—Y por eso Fellows huyó con los vestidos a altas horas de la noche, al observar que alguien entraba en su casa para arrebatárselos, y los arrojó al río con intención de recuperarlos más adelante —coligió Pip, comprendiéndolo todo, al fin—. Y entonces, el hombre de las hierbas, que no era otro que el ladrón, al ver que el señor Goon se los endosaba a Fatty, penetró en casa de los señores Trotteville para hacerse con ellos. ¡Cielos! ¡Pensar que, sin saberlo, andábamos metidos en un caso tan emocionante!

—¿Por qué el señor Fellows no buscó la valiosa lista entre las prendas? —inquirió Bets—. Una vez el documento en su poder, podría haber arrinconado los vestidos.

—Me figuro que no pudo dar con ella —repuso el jefe—. Además, él no sabía de qué objeto se trataba. «Nosotros», en cambio, la encontramos. Nos han informado del lugar donde se encuentra. Si nos muestras esas prendas, Federico, verás dónde está escondida esa inapreciable lista, y quedará resuelto el misterio que tú tenías por tan insignificante.

Sobrevino un silencio sepulcral. La excitación de los muchachos se disipó como por encanto ante el recuerdo del desastroso acontecimiento de la mañana.

—¿Qué ocurre? —preguntó el jefe, sorprendido—. «Tenéis» las prendas en vuestro poder, ¿no? ¿A qué vienen esas caras?

—Siento en el alma tener que decírselo, señor —mascullό Fatty, con voz apenas perceptible—, pero esas prendas han desaparecido. Las dejamos encerradas en el cobertizo y, cuando volvimos allí, la puerta estaba descerrajada... y todas las prendas habían desaparecido.

Bets se echó a llorar.

—¿Qué haremos ahora? —sollozó—. ¡Nosotros no sabíamos que eran tan importantes! ¡Oh, Fatty! ¿Qué haremos?

Capítulo XXIV

¡BUENA FAENA, «BUSTER»!

El inspector jefe miró a su compañero, lanzando un quedo silbido.

—¡Nos hemos caído! —exclamó—. ¡Menudo contratiempo! Me figuro que se trata de otra hazaña de nuestro amigo de la cicatriz. ¡No cabe duda que esta vez está dispuesto a salirse con la suya!

—Esa lista es muy importante para él y para otros muchos que quisieran verla destruida —murmuró el señor alto, sombríamente—. Desgraciadamente, también nos interesa a nosotros.

Y volviéndose a Fatty, inquirió ávidamente:

—¿Se llevó ese hombre «todas» las prendas?

—Sí —asintió Fatty—, todas menos el pañuelito hallado por Bets que acaban ustedes de ver. Pero si lo desean, podemos ir a mi cobertizo a echar otra ojeada a la caja donde las metimos, aunque estoy segurísimo de que está vacía, señor.

Todos se dirigieron al cobertizo, con inclusión del señor Goon. Se sentían muy abatidos. ¡Pensar que se las habían con un misterio tan emocionante y que se les estropeaba el final cuando todo iba viento en popa! Era el colmo de la mala suerte.

Examinaron el interior de la caja. Fatty tenía razón. Estaba absolutamente vacía. Entonces, Bets, recordando algo de repente, exclamó casi a voz en grito:

—¿Y el zapato que se llevó *Buster*? ¿Lo buscamos y metimos con los demás o se nos olvidó y lo dejamos en el mismo rincón donde lo puso *Buster*?

—Se nos olvidó —murmuró Fatty—. Al menos, yo no lo guardé en la caja. Pero, ¿cree usted que un simple zapato le puede resultar útil, señor?

—¡Naturalmente! —exclamó el jefe—. ¡Más de lo que te figuras! ¡Anda, *Buster*! ¡Busca ese zapato!

Y, como si lo entendiera, el perrito echó a correr por la estancia, explorando todos los rincones. Por último, tras olfatear un viejo saco, desapareció bajo él para reaparecer de nuevo, orgullosamente, con un zapatito rojo en la boca.

—¡Es el zapato! —exclamó Fatty, alborozado—. ¡Buena faena, *Buster*! ¡No se puede negar que eres un perro inteligente!

Buster meneó la cola, complacido. El jefe tomó al punto el zapato y procedió a examinarlo juntamente con su compañero.

—Es posible que sea el que nos interesa —explicó el jefe—. Pero no podemos ser categóricos hasta que lo examinemos. ¿Tiene alguno de vosotros un buen cortaplumas?

Fatty, ¿cómo no?, se lo proporcionó, pues, como de costumbre, llevaba los bolsillos llenos de utensilios susceptibles de prestarle un gran servicio en un momento dado.

El jefe tomó el cortaplumas y, sentándose sobre una caja, procedió a levantar el tacón, con gran expectación de los Cinco Indagadores.

—Es de confección muy recia —comentó el jefe—. Pero, ¡ya está!

El tacón saltó del zapato, y en el interior del propio tacón los muchachos vieron un diminuto compartimiento hueco que contenía un tenue papel doblado.

—Aquí está —profirió el jefe, tan excitado como los chicos, sacando cuidadosamente el papel de su escondrijo.

Y, sin desdoblarlo, lo entregó al señor alto, cuyos ojos centelleaban de satisfacción.

Con sumo cuidado, el hombre desdobló el papel y echó un vistazo a la lista de nombres y a las notas, escritas con letras tan diminutas que resultaba imposible leerlas a distancia. El señor Goon estiró el cuello, pero, aun así, sólo vio un texto borroso.

—Ya tenemos lo que buscábamos —exclamó el agente, con voz triunfante—. ¡Aquí hay un año entero de trabajo! ¡Es algo realmente inapreciable, Jenks! ¡Pensar que hemos estado a punto de perderlo para siempre! Afortunadamente este perro tuvo la buena ocurrencia de escapar con el zapato y esconderlo.

—Sin duda, el ladrón encontró las prendas en la caja y, creyendo que estaban todas allí, se las llevó loco de contento —inquirió Fatty—. ¡Qué susto tendrá cuando descubra que sólo hay un zapato!

—Tal vez volverá a buscarlo —sugirió Larry—. Entonces podrán ustedes apresarle.

—No hay cuidado —repuso el jefe—. Ahora ya sabemos dónde encontrarle. ¡Cáspita! ¡Fíjese usted en este nombre que figura en la lista... y en este otro! ¡Sopla! ¡Qué jaleo se va a armar!

—Por supuesto —convino el señor alto—. Este documento comprometerá a varias docenas de personas. ¡Qué redada! No puedo creerlo. Y todo gracias a estos chavales. ¡Son un portento!

—Bien, no es la primera vez que demuestran su capacidad —declaró el jefe, sonriendo—. En anteriores ocasiones han hecho también muy buenas faenas. Forman una pandilla llamada los Cinco Indagadores y el perro, ¿sabe usted? Y con las cosas que han descubierto podrían escribirse muchos libros.

—¡Pero *Buster* ha sido el héroe de «este» misterio! —ensalzó Bets, tomando en brazos al pequeño terrier y acariciándolo—. ¿Verdad, *Buster*? ¿Sabías que ese zapato era muy importante, *Buster*? ¿Y por esto lo escondiste? ¡Fatty! ¡No me sorprendería que *Buster* lo hubiese «adivinado»!

—¿Qué piensan hacer ustedes ahora? —preguntó Larry, volviéndose al jefe.

—Pues unas pocas gestiones de menor cuantía —le respondió el jefe—. En primer lugar, debemos pasar a ver a Fellows para tranquilizarle. Luego mandaremos a alguien a por el hombre de la cicatriz o de las hierbas, como le llamáis vosotros. ¡Después de esto no creo que le queden ganas de ir a buscar más plantas acuáticas!

—Confío en que algún día rescaten ustedes al señor Euricles —murmuró Bets—. Ojalá no le haya pasado nada malo.

—Cuando aparezca, os lo comunicaré —prometió el jefe—. Tengo el presentimiento de que, en cuanto vayamos tras las personas cuyo nombre figura en esta lista, nuestro señor Euricles se encontrará inesperadamente en libertad. ¡Muchos de estos implicados no tardarán en abandonar el país!

—¿No cree usted que deberíamos dar una pequeña recompensa a estos muchachos por la valiosa ayuda que nos han prestado? —propuso el señor alto, levantándose de la caja y dándose casi un topetazo con el techo.

—No, gracias —se apresuró a replicar Fatty—. Esto lo estropearía todo. No desentrañamos misterios para obtener recompensas. Lo hacemos porque nos divierte... y porque nos gusta ayudar al jefe.

—Mi querido colega —dijo el jefe a su amigo, con grave entonación—. Quedan tan pocas personas en el mundo dispuestas a hacer algo a cambio de nada, que opino que debemos respetar el deseo de los Indagadores.

Esta declaración llenó de orgullo a los cinco muchachos.

—De acuerdo —convino el señor alto—. Bien, debemos irnos. Sin embargo, pienso hacer dos cosas en favor de estos..., ¿cómo ha dicho usted que se llaman...?, de estos Indagadores y el perro. Encargaré a mi carnicero que mande el hueso más grande y más suculento a este inteligentísimo perrito...

—¡Guau! —ladró *Buster,* meneando la cola, agradecido.

—Y cuando aparezca el señor Euricles, le rogaré que dé unas provechosas lecciones de ventriloquia a Frederick —dijo el agente—. Estoy seguro de que lo hará con gusto.

—¡Gracias, señor! —murmuró Fatty, sonrojándose de satisfacción—. Pero, como no quiero ninguna recompensa, pagaré las lecciones. ¡Caramba, qué suerte!

El jefe y su amigo se despidieron. A poco, su coche desapareció por la calzada. Los chicos se quedaron solos con el señor Goon. Todos se miraron.

¡Pobre Goon! ¡Qué papel más desairado el suyo! El jefe ni siquiera le había dirigido una palabra de despedida. ¡Hasta *Buster* lo había hecho mejor que él!

—Bien —dijo Fatty en tono jovial—, ¿y si merendásemos? Seguramente, a estas horas ya está lista la merienda. Y, si no lo está, lo estoy «yo». ¡Listo a saborearla! ¿Quiere usted acompañarnos, señor Goon?

El policía se sorprendió tanto ante esta invitación, que no acertó a pronunciar una palabra. Él no era un enemigo generoso, como Fatty, ni nunca lo sería. Por consiguiente, no comprendía aquella invitación y, en su asombro, abría y cerraba la boca como un pez.

—Bien, ¿qué contesta usted, señor Goon? —apremió Fatty—. Celebraremos el acontecimiento y, para solemnizar más la cosa, abriré la enorme caja de galletas de chocolate que me regalaron por Navidad. ¿Qué decide usted, señor Goon? ¿Sí o no?

—Sí —balbuceó el hombre, casi como si estuviera cansado—. Gracias. Lo considero muy amable por tu parte, después... después de lo sucedido.

—¡Bah! —profirió Fatty, conduciendo a sus invitados al interior de la casa—. ¡Con tal que no me vuelva usted a meter cosas por el cuello!

—Y tú déjate de imitar perros, cerdos y demás familia —reconvino Goon, con una súbita sonrisa.

A Bets no le seducía la idea de compartir la merienda con Goon, pero no expresó su sentir. Aprobaba la generosa acción de Fatty porque le constaba que el pobre señor Goon no lo había pasado muy bien en el curso de aquel misterio. Pero se hizo el firme propósito de no sentarse a su lado, ni dirigirle la palabra. ¡Nunca, jamás le perdonaría su mala idea de meter aquellas prendas mojadas en el pecho de Fatty, produciéndole casi la asfixia con su grande y pesado corpachón!

La merienda transcurrió en un ambiente de franca animación. Todos estaban contentísimos de que aquel pequeño misterio hubiese resultado ser un auténtico caso de tamaño descomunal, y hubiese terminado tan triunfalmente para *Buster*.

Como es natural, el perrito se mostró sorprendido de ver a su antiguo enemigo súbitamente incorporado al círculo familiar. Al principio, lanzó varios amenazadores gruñidos, pero luego, observando que todos estaban por él y Daisy le llamaba héroe perruno, se sumó al regocijo general.

El señor Goon también gozó, a su manera. ¡Vaya, vaya! ¿Era posible que aquel entrometido de chico pudiera conducirse de aquel modo? Tras el cuarto almendrado y el tercer pedazo de tarta de chocolate, el policía se sentía dispuesto a ser el mejor amigo de Fatty.

De pronto, todos oyeron un recio gruñido procedente de debajo de la mesa.

—¿Qué es eso? —exclamó Bets, alarmada.

El señor Goon miró debajo de la mesa, asombrado. Pero tan sólo *Buster* estaba allí aposentado.

Los demás miraron al sonriente Fatty, sin poder contener la risa. Y entonces, de detrás de las espaldas del estupefacto señor Goon, llegó una voz ya harto familiar, murmurando estas palabras:

—¡Yo no he sido, no, no he sido! ¡Oooooh! ¡Yo no he sido! ¿Dónde está mi tía?

¡Oh, Fatty! ¿Qué vamos a hacer contigo? ¡Por favor! ¡No te olvides de contarnos tu próximo misterio!

FIN

ÍNDICE